青少年体育锻炼与健康促进研究

翁士洋　焦芳钱　樊忠义　著

中国海洋大学出版社
CHINA OCEAN UNIVERSITY PRESS
·青岛·

图书在版编目（CIP）数据

青少年体育锻炼与健康促进研究/翁士洋，焦芳钱，樊忠义著. --青岛：中国海洋大学出版社，2023.9

ISBN 978-7-5670-3643-7

Ⅰ. ①青… Ⅱ. ①翁… ②焦… ③樊… Ⅲ. ①青少年—体育锻炼—研究 Ⅳ. ①G806

中国国家版本馆 CIP 数据核字（2023）第 182448 号

青少年体育锻炼与健康促进研究

出版发行	中国海洋大学出版社
社　　址	青岛市香港东路 23 号　　邮政编码　266071
出 版 人	杨立敏
网　　址	http://pub.ouc.edu.cn
电子信箱	appletjp@163.com
订购电话	0532-82032573（传真）
责任编辑	滕俊平　　电　　话　0532-85902342
印　　刷	北京虎彩文化传播有限公司
版　　次	2024 年 5 月第 1 版
印　　次	2024 年 5 月第 1 次印刷
书　　号	ISBN 978-7-5670-3643-7
成品尺寸	170mm×240mm
印　　张	10.5
字　　数	139 千
印　　数	1—1000
定　　价	59.00 元

如出现印装问题，请致电 010-84720900 与印刷厂联系

前言

青少年作为祖国的未来，是推动国家实现全面繁荣的主要动力来源，承载着建设祖国的重任。在全面建成小康社会、实现中华民族伟大复兴中国梦的新时代，青少年拥有一个健康的身体尤为重要。

体育锻炼是人们根据个人身体需求，运用各种体育手段，以保持健康、调整心态、增强体质为目的所进行的体育活动，它对于维持身心健康、塑造健美体态、预防身体疾病和提高整体精神状态，都具有重要作用。体育锻炼在青少年时期尤为重要，因为青少年正处于身体和心理发展的关键时期。体育锻炼能够帮助青少年保持健康、塑造身体、培养团队合作精神，同时还能增强他们的自信心和人际交往能力。青少年拥有良好的体质不仅关乎于自身的健康，更体现了一个国家积极蓬勃的生命力。因此加强青少年体育锻炼，提高青少年的身体素质，就显得尤为重要了。

本书是青少年体育锻炼与健康促进研究方向的著作，主要介绍了体育锻炼与健康、青少年进行体育锻炼的理论知识、青少年体育锻炼习惯养成的理论与形成机制、青少年身心素质训练与体质健康促进、青少年体育锻炼与体质健康促进、青少年体育锻炼的运动处方、青少年体质健康促进的保障、互联网与青少年体质健康促进等内容。本书立意新颖，内容丰富，结构完整，紧抓社会热点，这就使其实效性得到保证，指导和参考价值较高。

在本书的策划和编写过程中，曾参阅了大量文献和资料，在此向其作者致以诚挚的谢意。由于学识水平和时间有限，书中难免存在疏漏之处，敬请读者批评指正。

目 录

第一章

体育锻炼与健康

第一节　健康基本概念解读

人类有了健康才能生存，才能发展。健康是长寿的基石，是对社会、对自己、对亲人的责任，是人们存在的最佳状态，是自古以来人们十分关注的话题。

一、健康的定义

健康是指一个人在身体、精神和社会等方面都处于良好的状态。传统的健康观是“无病即健康”；现代人的健康观是整体健康，不仅是躯体没有疾病，还要做到心理健康、社会适应良好和有道德。健康是人的基本权利，是人生最宝贵的财富之一；健康是生活质量的基础；健康是人类自我觉醒的重要方面；健康是生命存在的最佳状态，有着丰富的内涵。

二、健康的标准

健康的标准可概括为以下三条。

（一）躯体健康

指人的肌体及其生理功能方面的健康，包括身体发育正常，体重适当，体形匀称，眼睛明亮，头发有光泽，皮肤有弹性，睡眠好，能够抵抗一般性感冒和传染病等。

（二）心理健康

指人的精神、情绪和意识方面的良好状态，包括智力发育正常，人格完整，心理平衡，有正确的人生目标和较好的自控能力，精力充沛，情绪稳定，处事乐观，能从容不迫地应对日常生活和工作的压力且不感到过分紧张与疲劳，思想和行为符合社会准则及道德规范，与周围环境保持协调，具有追求健康文明生活方式的主观愿望和自觉行动，能够对健康障碍采取合理的预防、治疗和康复措施。

（三）社会适应性良好

指人的外显行为和内隐行为都能适应复杂的社会环境变化，能为他人所理解，为社会所接受，行为符合社会身份，与他人保持正常的人际关系。同时，还应该经受良好的文化教育，掌握与自身发展和社会进步相适应的科学知识或专业技能，培养从事工作、生产、劳动及其他社会事务的综合素质，不断丰富人生经历，积累人生经验，增强社会适应能力。

以上三条，体现了健康所包含的躯体、心理的完好状态和社会适应能力三方面的内容。

对现代健康的理解，多数人还认为应包括以下几个方面：

快食：所谓快食，就是食欲旺盛，吃得痛快。一日三餐，饮食规律，感觉津津有味，不挑食，不偏食，进食量有节制，没有过饱或不饱的感觉。这说明消化吸收功能比较好。

快眠：快眠就是入睡快，能一觉睡到天亮。睡眠时间规律，不失眠，不做梦，醒后头脑清醒，感觉舒畅。这说明神经系统的兴奋、抑制功能协调，身体无病理信息干扰。

快便：便意来时，能顺畅排泄大小便。且排便时间规律，感觉轻松自如，粪便颜色无异常，无排便困难或疼痛及其他不适感。这说明泌尿系统及胃肠功能良好。

快语：语言流畅，语意清楚，语音清晰。说话中气足，无声音沙哑、含糊不清或反应迟钝、词不达意的现象。这说明头脑灵活、思维敏捷、心肺功能正常。

快行：行动自如、协调，迈步轻松、有力，转体敏捷，反应迅速。这证明躯体和四肢状况良好，精力充沛、旺盛。诸多病变导致身体衰弱，均先从下肢开始，例如：人患有内脏疾病时，下肢常有沉重感；心情焦虑，精神抑郁，则往往感到四肢乏力，身心交瘁。

良好的处世技巧：能以现实和自我为基础去看问题和办事情。处世乐观，态度积极，尊重他人，善待自己，能够主动与人交往并被大多数人所接受。

三、健康的分级

在 WHO 的定义中，健康是完美状态，而这是一种理想的状态。如果将死亡视为绝对的黑，健康状态即为绝对的白，在二者之间则是长长的灰色区域。此灰色由白到黑逐渐加深，形成一个坐标轴。每个人在生命的每一时刻，其健康状态都处在这个坐标上的某个位置，少数人逼近白色端，少数人逼近黑色端，大多数人的健康状态散布在黑白之间。为克服将健康定义为一种完美状态所带来的操作性困难，WHO 于 20 世纪 50 年代中后期表述健康状态为“个体在一定环境遗传条件下能够恰当地表达其行为功能”；在 20 世纪 80 年代初期又补充了“生活自理能力的丧失是健康丧失的终点”的观点。

根据这些概念，产生了健康的分级。具体如下。

第一级健康，或称躯体健康。包括无饥寒、病弱，能精力充沛地生活和劳动，满足基本的卫生要求，具有基本的预防和急救知识。

第二级健康，或称身心健康。包括一定的职业和收入，满足经济要求，在日常生活中能自由地生活，并享受较新的科技成果。

第三级健康，或称主动健康。包括能主动地追求健康的生活方式，调节自己的心理状态以缓解社会与工作的压力，并过着为社会作贡献的生活方式。

四、影响健康的因素

（一）环境因素

环境中的有毒有害因素以人自身的行为为中介来作用于人体。所以，环境因素对人类健康的影响极大，所有健康问题都或多或少与环境有关。

1. 自然环境

自然环境是人类赖以生存和发展的各种天然或人工改造的自然因素

的总称。它包括大气、土地、水、森林、矿藏、野生生物以及各种自然和人工区域（自然保护区、风景名胜区）、自然及人文遗迹等多种因素。自然环境是人类赖以生存的基础，为人类提供了生活的必需物质。良好的自然环境可以陶冶情操、放松精神、愉悦心情，有利于人的身心健康；恶劣乃至被污染的自然环境则会引起人体的种种不适，甚至引发疾病。

2. 社会环境

社会环境包括社会制度、政治、经济、文化、教育和社会稳定等诸多因素，也包括工作环境、家庭环境、人际关系等。不良的风俗习惯、有害的意识会危害个人和群体的健康。因此，预防疾病，促进健康，重要的是改善环境。比如，压力过大、竞争加剧、就业困难、社会暴力和国际恐怖事件等会导致一部分人心态浮躁、心理失衡；精神抑郁、过度疲劳、过分透支体力等会使免疫力下降，久而久之，也就从量变转变为质变，危害健康。

（二）行为与生活方式因素

行为是完整有机体的外显活动，由内外部刺激作用于动物和人所引起。行为既是内外环境刺激的结果，又反过来对内外环境产生影响。人的行为指具有认识、思维能力并有情感、意志等心理活动的人对内外环境刺激所做出的能动的反应。从公共卫生和医学的角度，人的行为可分为外显行为与内隐行为。外显行为指的是可以被他人直接观察到的行为，如言谈举止。内隐行为指的是不能被他人直接观察到的行为，如意识、情绪等，即通常所说的心理活动。一般可通过观察人的外显行为了解其内隐行为。外显行为和内隐行为都可能对人自身或他人的健康产生影响。世界卫生组织 90 年代初估计，全球 60%的死亡主要归因于不良行为和生活方式。生活方式是指人们长期受一定文化、民族、经济、社会、风俗、规范影响，特别是受家庭影响而形成的一系列生活习惯、方法、技巧、经验及观念。其中，一些不良行为和生活方式给个人、群体乃至社会的健康带来直接或间接的危害。如不合理饮食、吸烟、久坐而不锻炼、药物依赖、破坏生态、污染环境等。

(三) 生物遗传因素

随着对疾病认识的不断加深，现已查明除了明确的遗传病外，许多疾病（如高血压、糖尿病等）的发生均包含有一定的遗传因素。发育畸形、寿命长短也不排除有遗传方面的原因，同属生物遗传因素致病范畴。

(四) 医疗卫生服务因素

医疗卫生服务指医疗卫生机构和卫生专业人员为了防治疾病、增进健康，运用卫生资源和各种手段，有计划、有目的地向个人、群体和社会提供必要服务的活动。健全的医疗卫生机构、完备的服务网络、适当的卫生投入与合理的卫生资源配置等，对个人、群体乃至社会的健康都有积极的促进作用。

第二节　体育锻炼对健康促进的价值

体育锻炼对于青少年的体质健康具有重要的价值，这些价值突出表现在以下几个方面。

一、促进呼吸系统功能的改善

青少年在参加体育运动锻炼的过程中，呼吸加深，吸进的氧气和排出的二氧化碳都比较多，这就大大增加了肺活量，增强了肺功能。青少年长期坚持体育锻炼，能够不断提高身体适应能力，匀和而平稳地呼吸。

二、促进消化系统功能的改善

青少年在参加体育锻炼的过程中，会消耗体内的一些营养物质，增强机体代谢，从而使人的食欲得到改善。不仅如此，青少年参与体育锻炼，胃肠蠕动更加通畅，也会快速分泌消化液，从而使肝脏功能得到改善。这对青少年消化系统功能的增强具有非常大的帮助。

三、促进神经系统功能的改善

青少年参加体育锻炼，主要是受神经系统的支配。长期坚持锻炼，肢体越来越协调，身体越来越灵活，思维越来越清晰，并能以充沛的精力学习，提高学习效率。

四、控制体重，塑造健康体形

随着现代社会的不断发展，出现了大量的社会文明病，肥胖症就是其中之一。肥胖是青少年群体中普遍存在的健康问题之一，肥胖会对人体的正常生理功能造成不良影响，会加重心脏负担，如果皮下脂肪过多，则死亡率也会增加，影响寿命。体育锻炼能够帮助青少年消耗多余脂肪，使肌肉力量更强，关节更加柔韧。青少年只有长期参与体育锻炼，才能达到控制体重、保持健康体形的目标。

五、有效预防各种运动伤病

青少年坚持参加体育锻炼对于预防各种疾病有着显著的效果，这主要体现在以下几个方面：

第一，有助于降低心血管疾病发生的概率。

第二，能有效控制血糖，降低糖尿病发生的可能性。

第三，有利于提高骨质密度和强度，预防骨裂。

第四，有助于预防癌症。

总之，坚持参加体育锻炼，能有效预防疾病，起到延年益寿的作用。

第三节 青少年体育锻炼的影响因素与强化措施

一、影响青少年体质健康的因素

（一）自身方面

青少年由于年龄和阅历的限制，有时候不能认识到体质健康的重要性。一方面，学生阶段的学习压力比较大，参加体育运动的自主意识比较淡薄。另一方面，学生的自律能力和毅力较差，一旦在体育锻炼中出现疲惫的情况，就会出现惰性心理，不愿意再坚持下去。尤其是身体素质本身比较差的学生，这些学生在运动的过程中偶尔会受到其他学生的嘲笑，这会加重其逃避心理，造成体质健康水平持续下降的恶性循环。这些都是因为青少年的心理承受能力和健康意识不够强，容易受到自身和外界的影响。

（二）家庭方面

青少年的很多思想受家庭教育的影响很深，很多行为都存在模仿父母的情况。由于职场和生存的压力，步入中年的家长能够保持体育锻炼的习惯很难得，大部分的家长处于家庭和工作单位的奔波之间，忽略了自身体质的锻炼。有的家长甚至只在乎学生的学习成绩，认为学生进行体育运动是“不务正业”，这种思想严重影响了学生进行体育锻炼的积极性。相反，有的家庭重视学生的全面发展，积极鼓励学生参与体育活动，帮助学生形成良好的饮食和运动习惯，这样的家庭会给青少年创造一个健康的生活环境，有利于青少年健康体质的形成。

（三）学校教育方面

学校的教育是青少年形成世界观、人生观和价值观的主要渠道，与家庭教育占有同等重要的地位，学校对于体育锻炼的重视程度直接决定了家庭和青少年本身的重视程度。随着素质教育的推广，越来越多的学校开始合理安排理论知识和运动实践课程，很好地将青少年的体质健康教育落到实处。

二、加强青少年体育锻炼的措施

（一）家庭体育

家庭是青少年健康观念塑造的摇篮。首先，家长应该认识到体育锻炼的重要性，培养青少年的锻炼意识，引导青少年参与正确的体育锻炼，使其养成良好的锻炼习惯和休息习惯。其次，家长应该掌握一些基本的医疗常识，以便处理一些突发的锻炼损伤，这样才能在青少年进行体育锻炼的过程中，更好地处理突发情况，为青少年的锻炼铺平道路。

（二）学校体育

学校是青少年培养锻炼意识和养成锻炼习惯的主要地点。学校应该注重“阳光体育”概念的落实，这不仅仅是为了应对体育考试，而是真正地为学生的体质健康考虑，真正地为青少年的发展铺路。一方面，学校可以定时安排体育课程，包括基础理论的讲授和实践能力的培养，让学生通过课程，更好地提高自身的身体素质。另一方面，学校可以引入与体育锻炼有关的体育游戏，提高学生对体育锻炼的兴趣，使学生更加积极地参与其中。学校还应该注意体育设备的维护和更新，这是学生安全地进行体育锻炼的基础。

（三）社会体育

从社会的层面来说，政府或相关社区应该加大体育锻炼对青少年体质健康影响的宣传，通过举办各种活动增强青少年参与体育锻炼的意识。近年来，社会层面的体育运动越来越多，“迷你马拉松”“荧光夜跑”等活动备受欢迎，丰富的锻炼形式有利于青少年体育观念的形成，让青少年参与其中。

第二章

青少年进行体育锻炼的理论常识

第一节　体育运动中科学锻炼的原则

体育锻炼能促进身体的生长发育，增强体质，提高适应能力，使人延年益寿。但是要取得理想效果，必须正确地理解和遵循体育锻炼的原则。

一、自觉性原则

自觉性的原则是指体育锻炼者应有明确的锻炼目的，要有“善其身者无过于体育”的思想认识，自觉积极地进行体育锻炼。要想收到体育锻炼的预期效果，必须以主动积极的态度，自觉地坚持锻炼才行。

如何贯彻自觉性原则呢?

第一，要做到自觉锻炼，首先要明确锻炼的目的。青少年参加体育锻炼的目的有很多。例如，为了丰富文化生活、调节情绪、活泼身心、陶冶情操、锻炼意志等，或是为增进健康，促进身体的正常发育和造就一个健美的形体，以及防病治病等。有目的地去锻炼，这种锻炼就更具有主动性和自觉性。

第二，应充分认识体育锻炼的特点和作用。青少年进行体育锻炼之前要先了解体育锻炼的相关知识，懂得体育锻炼的益处，并与亲身的运动体验结合，体会体育锻炼的好处和乐趣。体育锻炼的内容与形式是多种多样的，每个人都可以选择自己喜爱的运动项目和形式，并有意识地培养锻炼的兴趣。当青少年对体育锻炼产生兴趣之后，他进行锻炼的情绪才是高涨的，感受才是积极的。但是，仅仅停留在兴趣阶段是不够的，而应从兴趣入手，逐渐形成一种自觉行动和良好的体育锻炼习惯。

第三，要使锻炼更具自觉性，还应经常检验锻炼的效果。如定期测试一下身体素质、形态，以及某些生理机能指标和运动成绩等方面的增长、变化及提高情况，也可用饮食、睡眠、精神状态以及学习时的注意力等情况的对比来检验锻炼的效果。这样，不仅可以检查锻炼的方法是否得当有效，而且还可以看到锻炼的成效，从而使体育锻炼的兴趣与信心进一步增强，自觉性更高。

二、适宜负荷原则

适宜负荷原则是指在体育锻炼中，恰当地安排运动负荷，使之既能满足锻炼者增强体质的需要，又符合锻炼者身体的实际承受能力。锻炼效果很大程度上取决于运动刺激的强度，太弱的刺激不能引起肌体功能的变化，过强的刺激不仅不能增强体质，而且还会损害身体。运动负荷是否适宜，因人因时而异。即使同一个人，在不同的机能状态下，对负荷量的承受能力也不尽相同。当身体不佳、情绪不好时，人体的各种机能下降，体育锻炼的负荷量就要调整。因此，适宜负荷是体育锻炼必须遵循的基本原则之一。

如何贯彻适宜负荷原则呢？

第一，掌握锻炼强度。强度是练习对身体刺激程度的计量。锻炼强度应因人而异，为了方便，人们常采用心率来衡量。国内外比较流行的卡沃南氏测定法计算每分钟心率的公式为：

最佳运动负荷（次/分）＝（最高心率－安静时心率）×X％＋安静时心率

其中：最高心率通常为220次/分，X％为欲达锻炼强度。专家认为，欲达强度小于20％，锻炼效果较低；欲达强度为50％～70％属于有效强度，70％的强度可获得最大摄氧量和心输出量；80％以上是大强度，在此强度下锻炼实际已具有训练性质。

第二，合理安排锻炼时间。锻炼时间一般视强度大小而定，5分钟以上都属有效范围。青少年锻炼可采用较大强度的短时练习，中老年人及体弱者采用低强度的长时间练习方式。实践证明，1小时以内的运动，对身体的影响就足见成效。如果时间允许，锻炼最好以30分钟至1小时为宜。但注意锻炼时的间歇时间，间歇时间太短，疲劳没有消除，就会造成过度疲劳；间歇时间太长，机能消退，则收不到好的锻炼效果。

第三，负荷由小到大，逐渐提高。开始从事体育锻炼时或中断锻炼后恢复锻炼时，运动负荷应该小一些，经过一段时间的锻炼，身体机能有所提高，可适当增加运动负荷。

三、循序渐进、持之以恒的原则

在体育锻炼过程中，必须遵循人体机能活动的规律，循序渐进。人体各器官的机能提高要有一个适应过程，不可能一下子就提高了。如果违反这一规律，不仅不利于增强体质，而且还会损害健康。进行体育锻炼时，不仅要循序渐进，而且要持之以恒，如此才能收到良好效果。常言道，“流水不腐，户枢不蠹”，体育锻炼时也是如此。持之以恒，人体的基本活动能力才能保持和不断提高，体质才能增强。如果“三天打鱼，两天晒网”，就不可能产生明显的锻炼效果。若长期停止锻炼，各器官、系统和动作技能形成的条件反射就会慢慢减退，这正是“用进废退”的道理。因此，只有坚持经常锻炼的人，他的运动素质、基本活动能力和各器官机能才能得到真正的提高，达到强身健体的目的。

如何贯彻循序渐进、持之以恒的原则呢？

第一，运动负荷的安排应由小到大，由易到难，由简到繁，逐渐提高。

第二，强化体育意识，明确锻炼的目的性，提高锻炼的自觉性，把体育锻炼作为日常生活中不可缺少的重要组成部分。每天保证一定的体育锻炼时间，逐步养成锻炼习惯。

第三，把坚持经常性体育锻炼作为培养毅力、磨炼意志、陶冶情操的手段和过程，排除各种因素的干扰。

四、全面性原则

全面性原则是指在锻炼中，使身体的各个部位、各器官系统的机能、各种身体素质和活动能力等诸方面都得到均衡发展。

人体是一个整体，各器官系统是相互影响、相互制约的。任何局部机能的提高，必然促进机体其他部位机能的改善；当某一素质得到提高时，其他素质也会有不同程度的提高。任何一种运动项目都不同程度地影响着身体素质的发展。但各种素质间存在着互相制约的一面，各运动项目对提高身体素质也有一定的侧重。如长期只从事长跑锻炼，耐力素质会有较大发展，而速度、力量素质不会有较大提高；长期只从事力量练习，心肺功能不会有较大提高；长期只从事身体一侧肢体的锻炼，另一侧肢体就不会得到发展，则整个身体就得不到匀称的发展。因此，只有全面发展身体素质，才能提高人体的整体机能水平。

如何才能做到全面锻炼呢？

第一，在身体锻炼内容和方法上要尽量全面，力求使身体素质和身体各器官系统的机能得到全面的发展。为此，应尽可能选择那些对身体有全面影响的运动项目，如跑步、游泳等；也可以某一项为主，辅以其他项目进行全面锻炼。

第二，注意肢体对称运动，不要长期只从事身体一侧肢体的活动，使肌体得到匀称发展。

第三，注意活动全身，不要限于局部。

五、区别对待原则

区别对待原则是指在体育锻炼中，根据锻炼者的年龄、性别、爱好、身体条件、职业特点以及季节、地域等客观条件，合理地确定锻炼内容，选择方法手段和安排运动负荷，使之符合实际需要，做到区别对待，使体育锻炼更具有针对性。

如何才能做到区别对待呢？

第一，根据年龄特点选择体育锻炼项目。老年人可选择一些活动量相对平稳的体育项目，如慢跑、太极拳等，以减少运动损伤。年轻人可选择对抗性强、运动较剧烈的球类运动、爬山等，以提高对体育锻炼的兴趣。

第二，根据身体情况选择体育锻炼项目。对从事康复体育锻炼的人来说，体育活动量一般不要过大，其体育锻炼的主要目的是恢复身体机能，或使身体机能不致过分下降。对于一些有特殊慢性疾病的人，要有针对性地选择适合自己的体育锻炼项目。

第三，根据职业情况选择体育锻炼项目。有人从事体力劳动，有人从事脑力劳动，掌握锻炼者的职业特点，就能为因人制宜地确定锻炼方案提供依据。如脑力劳动者，工作时经常保持弯腰伏案的姿势，颈部前倾，脑供血不足，肺部活动受迫，呼吸机能降低，肌肉活动少，体力下降。针对这些特点，就应以动作舒展的活动性户外锻炼为主。

第四，根据季节和地域情况选择体育锻炼项目。体育锻炼应因地制宜，从实际出发，有针对性地安排运动项目。比如在北方冬季进行滑雪锻炼，在南方夏季进行游泳锻炼等。

第二节　体育锻炼的内容与方法

一、增进健康的锻炼内容

（一）健身运动

健身运动是指身体健康的人为增进健康、增强体质而从事的身体锻炼。健身运动主要是为了增强人体内脏器官的功能，特别是心血管系统和呼吸系统的功能，以提高力量、耐力、柔韧度、灵敏度和速度等运动素质，提高工作与学习效率，丰富业余生活，延年益寿。

健身运动一般多以有氧代谢为主，对运动量的控制要求较高。由于参加者的年龄、性别和健康状况不同，因而所采用的内容与方法也不一样。青少年可选择田径、体操、球类、游泳、滑冰等体育项目。中老年人则适合散步、慢跑、太极拳等体育项目。在形式上常以自我锻炼为主。

（二）娱乐体育

娱乐体育是为了丰富文化生活，使人们愉快、健康地度过闲暇时光而开展的具有鲜明娱乐色彩的体育活动。

娱乐体育可以使人的身心得到改善，人们在锻炼身体的同时，也陶冶了情操，因而娱乐体育适合各年龄段的人进行。娱乐体育的内容包括球类游戏、活动性游戏、季节性娱乐体育、旅游、游园、游艺晚会，以及民族形式的活动（如放风筝、跳皮筋、荡秋千等）。

（三）健美运动

健美运动是指为塑造人体的健美形态而进行的体育锻炼。进行健美运动的主要目的是形成匀称而美观的体形、正确而良好的姿势，提高动作的韵律性和协调性，培养人的审美能力和人体的表现力。这类练习男子多采用举重、哑铃、器械体操、徒手体操等方法，女子则多进行韵律操、舞蹈、艺术体操等活动。

（四）自然力锻炼

自然力锻炼是指为了改善身体的热平衡、水平衡、氧平衡等代谢过程，提高对各种自然环境的适应能力，而在某种特殊的自然环境中进行的体育锻炼。例如，日光浴、空气浴、冷水浴、矿泉浴等。

二、增进健康的锻炼方法

（一）练习法

练习法是锻炼身体中最基本的方法，不论选择什么样的锻炼内容，都必须通过反复练习才能获得锻炼效果。练习法可分为以下几种。

1. 重复练习法

重复练习法是指锻炼者在相对固定的条件下，按照计划和要求反复练习同一内容的方法。这种方法适用于以下几种情况：

第一，运动负荷较小，或用时较短的项目。

第二，动作技术比较复杂且难于掌握的项目。通过反复练习，有助于学习和巩固技术。

第三，运动负荷安排较大，难以一次完成练习。如健美锻炼中举哑铃 300 次，分为 6 组反复进行，每次间隔中安排一次休息，可以保证计划的完成。

2. 循环练习法

这种练习方法是根据身体锻炼的需要，将多个具有不同身体发展功能的项目搭配起来，在一次练习中依次循环进行练习的方法。

这种练习方法可以弥补某些项目对身体发展作用比较单一的不足，使各项目之间功能互为补充，达到全面锻炼身体的目的。此外，由于锻炼内容比较丰富，容易激发和调动起锻炼者的积极性。

3. 变换练习法

变换练习法是指在改变锻炼内容、强度和环境的条件下进行练习的方法。如变换练习项目、提高或降低运动负荷、调整练习要素、变更练习地点等。

采用变换练习法能够提高中枢神经系统的灵活性，发展身体的调节能力和适应能力，同时，对修正锻炼计划、活跃锻炼气氛也具有一定的意义。

（二）现代流行的锻炼方法

1. 有氧锻炼法

有氧锻炼法是指锻炼者在锻炼过程中，在没有缺氧的情况下进行身体锻炼的方法。这种锻炼方法运动负荷适中，可以有效地提高心血管和呼吸机能，促进新陈代谢，还可以减少脂肪积累，是当前普遍采用的锻炼方法。

这种锻炼法的关键是控制运动强度，使锻炼者的心率保持在130次/分～150次/分之间。一般来说，运动强度掌握在70%以下为宜。

采用有氧锻炼的典型项目有：长跑、竞走、游泳、骑自行车、滑雪、耐力体操及韵律操、徒步旅行等。运用其他项目锻炼，只要坚持慢速度、距离较长或持续时间保持在5分钟以上，均可达到增强体质、增进健康的效果。

2. 娱乐消遣法

娱乐消遣法是指为了寻求生理上的放松、欢度闲暇时间而采用的锻炼方法。这种锻炼方法运动强度不大，令人轻松愉快，具有消除疲劳的特殊功能。

随着社会的发展，人们的娱乐消遣内容也越来越多。一种是观赏性的消遣，如观看各种体育比赛，使身心得到锻炼和满足。另一种就是实践性的消遣娱乐，如散步、旅行、踏青、登山、日光浴、空气浴、森林浴、垂钓、泛舟等。这些活动适合于老年人进行，特别是体质较弱者，应多选择这类内容。

第三节　体育锻炼中的注意事项

一、锻炼要有目的性

锻炼者能否一贯坚持该体育锻炼项目，是选择锻炼内容的主要依据。在选择前，必须首先确定目的。在终身体育中，既有阶段性目的和长远性目的，也有间接目的和直接目的，要根据自身的实际，确定锻炼的目的，然后选择能够实现锻炼目的的项目。对锻炼内容的选择随意性大，将导致锻炼者选择项目时无所适从。锻炼者应该在达到基本健身目的的前提下，针对个人需求，重点锻炼某一方面。例如，要发展力量素质，就要明确是发展上肢力量还是下肢力量。

二、锻炼要分阶段性

体育锻炼大体上划分为三个阶段：一是有准备阶段，主要使身体发热，注意力集中；二是基本阶段，主要完成身体练习的基本内容和承担主要的运动负荷；三是结束阶段，主要做放松练习，并注意锻炼后的卫生保健，防止因锻炼产生的疲劳使抵抗力下降而引起疾病。

每年寒暑假，学生坚持体育锻炼的人很少。那么，每次开学后学生参加体育锻炼应有一个适应阶段。这个阶段一般为 2～4 周，主要使学生身体具有承担运动负荷的能力和水平。进行一段时间这样的锻炼后，再进入调整计划的阶段。这样既能使学生的身体状况得以适应，又能使学生形成锻炼身体的生物钟规律，最后养成坚持锻炼的习惯阶段。

三、锻炼要讲实效性

参加身体锻炼要讲究实效。在实践中，青少年要注意选择适合自己的锻炼项目，注意项目的特点、作用和实际价值，力求少而精，不必追求表面上的欣赏价值，使自己能在用时很少的情况下达到强身健体的目的。

四、锻炼具有可行性

选择锻炼内容与确定锻炼方法，应遵循从实际出发的原则，使自己选择的锻炼内容与确定的锻炼方法符合自己的实际情况，具有可行性。如安排锻炼时间以不影响工作、学习为宜，练习场地以就近为宜，选择的内容以能够达到目的为宜，以免要求太高而影响锻炼的积极性，导致不能长期坚持体育锻炼。

五、锻炼要注意适时性

青少年在体育锻炼的过程中应掌握自己身体变化（如出汗量、体温、疲乏程度等）的情况，了解身体锻炼的效果，从而为今后的锻炼提供依据。

四季的不同气候对锻炼内容的选择也是有影响的。因此，选择身体锻炼内容时，应随季节的变化做出相应的安排，如夏季游泳，冬季滑冰。

锻炼内容不必一成不变，可先行初步决定后试行一段时间，如果感到有必要，可以进行调整或变更，但不宜变更得太频繁。

第三章

青少年体育锻炼习惯养成的理论与形成机制

第一节　青少年体育锻炼习惯养成的相关理论

一、驱力理论

驱力是指促进个体采取行动的内在刺激，这种刺激来自个体的被剥夺感和与此相伴的机体内某些物质的过剩或缺乏。不管受剥夺的特定性质如何，机体都会产生相应的外表的兴奋。如在饥饿时会伴随胃的收缩，由此会推动个体采取行动，直至找到能满足机体内在需要的物质，才会消除剥夺状态。驱力理论是一个早期的动机理论，认为人和动物的行为均受到内部能量源的驱动，是由学习而不是遗传引起的，所以学习处于很重要的地位。从理论中，我们可以看出，驱力可以为满足需要的各种活动提供能量，总是在生理上或心理上与失衡状态相联系。个体追求驱力减小的状态，因为它伴随着个体的愉快感和满足感。愉快感和满足感会推动个体的学习行为，从而使个体积累经验，并在此基础上形成习惯。所以，驱力理论认为，驱力为行为提供能量，而学习中建立的习惯则决定着行为的方向。针对驱力理论，有学者提出

$$E=D\times H$$

式中：E——从事某种行为的努力或执着程度；

D——驱力；

H——习惯。

该公式表明，个体进行某项行为的努力程度取决于个体由于匮乏状态而产生的内驱力及由观察、学习或亲身经历所获得的对这一行为的效果体验。研究认为，习惯通过对经验的积累来支配行为。所以说，习惯是一种习得体验，如对过去行为的体验是积极的，个体就会重复地进行；反之，如果过去的行为导致不好的结果，人们便会有回避这种行为的倾向。

二、自我效能理论

20世纪70年代中后期，班杜拉（Bandura）提出了自我效能理论。自我效能是指有能力完成任务并达到预期结果的信念。结果期望是指预期的行为成功完成的结果。自我效能有四个影响因素，即成功的经验（行为的）、榜样（认知的）、言语劝说（社会的）、情感或生理的唤醒（生理的）。结果期望包括生理的、社会的和自我评价三方面。在身体活动领域中，一些学者认为，身体活动的自我效能是个体有能力从事身体活动的信心。许多研究结果表明，自我效能是参与并坚持身体活动的最具有影响力的因素之一。一些研究表明，对于身体活动参与行为而言，自我效能的预测效果最明显。具有较强自我效能的人，即使在面对困难时，也都有效能信念，有解决问题的信心，从而容易产生积极的情感体验；反之，自我效能弱的人在面对困难时很容易产生畏难情绪，不易产生积极的情感体验。所以，在某种意义上，自我效能感对于个体对体育锻炼的坚持，以及锻炼习惯的养成具有一定的预测作用。

研究表明，自我效能理论在锻炼行为变化的早期阶段（前意向、意向）的作用相对较弱，但是随着行为变化阶段的提高，自我效能的作用也随之提高。所以，对于研究体育锻炼习惯来说，自我效能的研究是一个切入点。根据班杜拉的理论，自我效能除了影响个体对活动的选择之外，还会影响个体在活动过程中的努力程度，以及个体在面临困难、挫折和失败时对活动的坚持性和耐力。

三、自我决定理论

20世纪80年代，美国心理学家德西（Deci）和瑞安（Ryan）提出了一种关于人类自我决定行为的动机过程理论——自我决定理论。自我决定理论认为，人是积极的生物，每个个体都具有先天性的、内在的、建设性的自我整合的倾向，具有自我实现、自我成长的潜能。但这种潜能能否得到发挥，取决于社会情境与个体的交互作用。因此，自我决定理论的研究重心在人的心理需要、动机、价值、目标追求、幸福感等问题上。自我决定理论通过实证和定量研究方法来考察人的需要、动机、价值、自我实现等问题。研究表明，人具有自主、能力和归属等三种基本的心理需要，个体通过与社会情境的交互作用，不断满足这三种基本需要，从而激发个体行为内在的动力，使价值观得到内化，最终促进自我的整合，增进个体幸福感，实现个体的潜能。自我决定理论在运动、健身领域的应用主要体现在对运动参与性动机的研究。参与动机不同，对锻炼的坚持性和情感的体验也不同。内部动机对锻炼的坚持和积极情感的体验比外部动机要好。自我决定理论被广泛地运用到锻炼的坚持性、锻炼态度以及人格等研究领域。个性运动兴趣、主观享受、能力以及健身效果都是内部动机的组成部分，而保持优美的体态的动机则构成个体的外部动机，身心健康则成为运动参与的认同调节动机，社会动机体现个体对归属感的需要。

第二节　青少年体育锻炼习惯的形成机制

一、青少年体育锻炼习惯形成机制的理论框架

当人们内在的需求与外在的体育活动环境相一致的时候便产生参与体育活动的可能。一般而言，一个人的特质（性别、年龄、文化程度、婚姻状况等）、家庭背景（父母的体育认知、父母的体育参与等）和学校环境（运动场地、设施等）会干预个体对体育活动的认识，对个体参加体育活动的动机、期望等有着很大的影响，进而也会干预到个体选择参与运动项目和运动方式。同时，个体在参与体育活动的过程中的主观感受和体验，会对其身心产生正面、负面或中性的影响，这些影响会进而对其整体生活满意度、运动参与满意度以及工作效率产生影响，这就是运动的效果。体育参与者对运动效果的主观认知会再进一步反馈，再影响其对体育和体育活动的认知，以及参与体育活动的动机、期望与兴

趣爱好，并支配其运动行为。

体育锻炼习惯的形成过程是一个多种要素相互作用的过程，在培养体育锻炼习惯时，既要考虑提升个人的素质，又要积极创造良好的体育环境，使人们有更多参加体育活动的体验，在体育活动过程中满足需求，从而积极主动参加体育锻炼。

二、青少年体育锻炼习惯形成机制的要素

（一）体育参与态度

态度是指个体自身对社会存在所持有的一种比较稳定的内在心理状态。体育参与态度包括体育参与的认知态度、情意态度和意向态度。认知状态是对体育认知的根，没有对体育活动的认知就谈不上对体育活动所具有的一种观念。情感状态和意向状态对体育观念的发生和发展具有支配和调节作用，三者之间则为相互联系的一种网状体形态。人们在认识到体育和体育活动的功能和效用的基础上，形成对体育和体育活动的积极体验，产生体育需求和体育行为倾向，从而构成统一的完整的态度状态。积极的体育参与态度对体育参与动机产生明显、直接、正面的影响，体育的参与动机是激励个体参与体育活动的根本力量。从外在形式来看，人参与体育的行为与一定的目标有着密切联系，从内部原因来看，总是由一种或多种动力所推动和驱使，动机对个体体育行为的推动作用来自个体的内驱力和需要。积极的体育态度产生积极的体育活动内驱力和需要，并通过动机对人的体育行为产生作用。体育参与动机愈强烈，体育参与的频率就愈高，得到体育需求和体育参与的满足度就愈高。

（二）体育参与体验

1. 体育参与体验的内涵

一个人在参与体育活动的过程中，其感官、知觉、心理和行为会不断地和周围的环境因素之间产生互动的关系，体育活动参与者从这些互动关系中所得到的感受和经验，称为体育活动参与体验。体育活动的环

境因素包括：其他参与者的言行举止、体育指导员的指导水平、体育设施、体育活动内容等。体育活动参与者在从事体育活动过程中的体验和身心状况，会因同这些环境因素之间产生的互动不同而有所不同。这里把影响体育参与体验的因素归纳为刺激或挑战、能力表现水平、参与频率、身心状况和互动表现等几个方面。

体育参与者在进行体育活动过程中，所感受的刺激或挑战主要来自与环境因素之间的互动。所感受的刺激或挑战强度主要表现为：新奇的程度、丰富或复杂程度、意义或重要性程度、不确定性程度和达成任务的困难程度。在其他因素不变的情况下，当体育参与者的感受越新奇，活动内容越丰富，活动结果的不确定性和重要程度越高，他在体育参与过程中所感受的刺激或挑战水平就越高。

影响体育参与体验的另一项变量，是人们在进行体育活动时面对环境因素刺激挑战的能力表现水平。青少年的能力表现水平，可以从参与活动过程中的生理反应、对环境因素的理解能力、分析评估能力、欣赏能力、角色扮演胜任的能力以及克服困难达成任务的能力等方面去衡量。影响能力表现水平的直接因素是参与频率、每次体育活动时间以及与其他参与者的相互交往。在其他因素不变的情况下，青少年在参加体育活动过程中，随着参与频度或每次参加体育活动时间的增加，其生理反应、对环境因素的理解能力、分析评估能力、欣赏能力、角色扮演胜任的能力以及克服困难达成任务的能力也会随之而提高，并产生继续参加体育活动的强烈愿望。青少年在体育活动过程中的能力表现水平，除了主观的身心感受与表现外，与其他体育活动参与者之间的相互交流程度，也会明显地影响其对自己能力表现水平的认定。青少年之间彼此相互尊重、关怀、赞美、服务和分享就是互惠交往的行为。当互惠交往的量与质增加时，青少年对于自己在参与过程中的表现水平就会有较高的评价，对自己的能力水平也会给予较高的肯定；反之就会失去信心，使体育活动中断。因此，建立良好的体育组织，让那些喜欢锻炼的青少年一起进行体育活动，对于促进青少年体育锻炼的发展具有非常重要的意义。

2. 体育参与体验的类型

一个人在体育活动过程中的体验，会随着运动刺激挑战的强度（如运动的丰富多元性、结果的不确定性、新奇程度、达到目标的难度等）和本人运动能力表现水平（如对运动的理解、欣赏、评价、角色扮演、克服困难等能力）而有所不同。这里根据刺激挑战强度的高、中、低和运动能力表现水平的高、中、低，把体育参与体验归结为四种类型。

第一，流畅控制型。当一个人在运动时感受到的刺激和挑战的强度很高，并能熟练地运用运动技能驾驭运动过程时，就会经历流畅的、控制自如的体育运动体验。

第二，刺激欣赏型。在某些情况下，当一个人所感受的刺激强度和能力表现水平都在中等水平以上，参与者因得到相应的刺激而感到激动或情绪高昂时，就会经历刺激欣赏的体验。例如，球迷在观看一场精彩的足球赛时，就会经历刺激欣赏的体验。又如，一场争夺冠军的篮球赛带来的刺激比一场热身赛要高。

第三，通顺达成型。当一个人感受到的刺激或挑战强度不高，而且接受该刺激或回应该挑战的能力水平也不需要很高时，或根据自身的条件和能力能顺利掌握及完成某项运动时，经常会有通顺达成的体验。如参加社区或单位组织的运动会，和朋友一起进行跑步运动，和自己水平相当的对手进行比赛，通过练习掌握某项运动技术等都是通顺达成的体验。

第四，焦虑无趣型。当一个人感受到的刺激强度或挑战的难度很高，自己具备的能力水平远远不足以完成该项挑战时，就会感到焦虑。如让一个初学者完成一项非常复杂的运动项目，或让一个运动技术水平不高的人去参加高水平的比赛，就会产生焦虑的体验。相反，当刺激挑战强度很低，而参与者具备的能力远远高于面对的挑战难度时，就会形成无聊的体验。如一位网球高手与一位初学者对打，那么这位网球高手很容易感到无聊无趣，形成无聊无趣体验，而初学者则会形成焦虑体验。

以上是体育参与体验的四种类型。体育参与体验不一定是随机产生或是不可预测的，它可以通过体育参与者的选择和体育管理服务部门的准备和努力，加以塑造和控制。体育参与体验对于体育参与品质具有关键的影响，我们在发展青少年体育锻炼的时候，要根据不同层次人群的情况，通过宣传和各种讲座，组织适合不同层次人群的体育活动等措施，使体育参与者形成积极的体育参与体验。

三、体育锻炼习惯的特征

（一）自主性

首先，体育锻炼行为不受空间限制，它可以在学校、家庭或社会中进行，也没有年龄的划分，每个人在任何年龄阶段都可以自主进行体育运动；其次，体育锻炼者可以根据自身的爱好选择自己感兴趣的体育项目，还能自主安排运动的时间和场所；最后，体育知识的获取途径有很多，手机、电脑、刊物等都能为体育锻炼者提供源源不断的知识支撑。

（二）终生性

我们提倡不能错过青少年强化体育锻炼的黄金阶段，但并不是单单强调这个年龄段，其实终身体育才是当下最为推崇的一种运动意识。我们不能将体育教育局限在某一阶段或某一领地，而是应该把它贯穿在人的一生当中，使其成为人们健康生活必不可少的一部分。学校体育教育应该让学生懂得持之以恒的道理，使其养成良好的体育锻炼习惯。

（三）稳定性

习惯的养成需要长时间的坚持，但是一旦养成良好的习惯，就会影响一个人一辈子。根据心理学相关知识得出，一个人重复做一件事情三周以上就能养成一个稳定的习惯，因此稳定性也是体育锻炼的一个显著特征。青少年接触体育锻炼的频率很高，如果配合学校的体育课程，运动频率可以高达85%，这为养成稳定的运动习惯提供了有利条件。

四、对青少年体育锻炼习惯养成的几点建议

（一）增强青少年的体育锻炼观念

想要帮助青少年养成体育锻炼习惯，首要前提就是转变青少年对体育锻炼的认知。青少年正处在身心发展的阶段，适度参与体育锻炼对于身体发育和品质培养都有积极的作用。作为家长，首先应该转变对体育的负面看法和评价，树立正确的体育学习观念，最好是通过身体力行让青少年感受到体育锻炼是每个人生活中不可或缺的一部分。

另外，现在很多青少年都沉溺网络世界，在电子产品上消耗大量精力和时间，这也极大影响了青少年的身心健康，更为青少年养成体育锻炼习惯带来巨大阻碍。因此，家长和学校作为引导者，应该鼓励青少年积极参与体育锻炼，使其树立正确的健康观念和意识，让青少年的生活变得健康和阳光。

（二）开展体育竞赛

为了让青少年体验到体育锻炼的趣味和意义，可以多举办一些体育竞赛，但需要注意的是，竞赛的主体不能只有学生、教师、家长或社区的体育爱好者也可以参与其中，这样一来，青少年的参赛激情就会更高，会认真做好赛前准备，在参与比赛的过程中感受到体育的魅力，从而为养成体育锻炼的习惯打好基础。

（三）体育锻炼全民化

体育锻炼不仅针对青少年，如果整体环境都在向体育运动方向转好，那么青少年养成体育锻炼的习惯就不再是难事。因此我们应该加大人众体育和全面健身的宣传力度，让更多群众加入这个大队伍中，这样就能使得青少年在潜移默化中受到影响和鼓舞，从而爱上体育锻炼。

（四）建立体育锻炼档案

在进行体育锻炼的同时，每个学生的自身身体特点和认知特点都存在差别，如果采取简单粗暴的一刀切，就会挫伤体育技能水平较差的学

生的积极性，同时也影响体育技能水平较高的学生继续深入拓展学习。因此需要学校和家长进行配合，结合学生多方面的体育表现，建立具有针对性的个体体育锻炼档案，让每个学生的体育锻炼情况得到量化，这样就可以使教育力量结合每个青少年的个体情况进行针对性指导，极大提升锻炼的效果。

第四章

青少年身心素质训练与体质健康促进

第一节　青少年身体素质的训练方法

一、力量素质训练方法

（一）快速力量的训练

快速力量是速度与力量的综合表现，现代体育训练中以发展力量的训练作为提高速度力量的方式也较为普遍。而在快速力量中最具代表性的就要数爆发力了。爆发力在多种运动项目中都具有极大的意义，甚至对运动成绩的好坏起决定性的作用。青少年快速力量的训练方法有以下两种。

1. 快速用力法

快速用力法中的速度的增长就是力量增长的标志，它的练习特征是通过最快的肌肉收缩速度来克服外来力量，以追求出色的爆发力。

具体练习方法为小强度快速用力法和中等强度快速用力法。小强度快速用力法的特点是采用30%～60%的强度，练习3～6组，每组重复5～10次，进行专门发展练习，练习时尽量将练习的动作结构和肌肉工作方式接近相应比赛动作；中等强度快速用力法的特点是用70%～85%的强度，用最大速度练习4～6组，每组重复3～6次，这种方法对提高肌肉力量的爆发性有着较为明显的作用。

2. 超等长练习法

超等长练习法实际上是将肌肉的退让与克制相结合的训练方法。其运动原理为：当肌肉被拉长超过自身的正常长度时，肌肉出现牵张反射，即强大的克制性收缩，从而产生有效的爆发力。在进行此训练时，肌肉要先做放松性的退让工作，并且肌肉被极度拉长，然后再以最快的速度转入紧张的克制工作。这样做的目的在于使纯力量转变成爆发力。

（二）最大力量的训练

发展最大力量的训练方法有重复法、强度法等。这些方法不仅能有效地增大肌肉横截面，还是发展绝对力量、相对力量的主要方法，对速度力量和力量耐力的发展有很大的作用。

1. 重复法

重复法的负荷特征是以 75%～90%的强度进行练习，每组重复 3～6 次，每组间歇 3 分钟。重复练习法的负重重量要根据初始力量决定，此后再依据肌肉力量的增加而逐渐加大。这种训练方法较为容易看到练习效果，学生增加负荷重量和增多重复动作的次数就是力量水平提高的标志。

这种训练方法对人体代谢过程和肌群的增长都有较大帮助，是一种有效提高肌肉力量的方法。除此之外，它能发展学生的爆发力以及提高用力技术的协调性。

2. 强度法

强度法的特点是以大的、亚极限和极限重量工作，训练时逐渐增加强度至达到用力极限，然后每次练习时都要采用对自身体力相对较强的、中上的和中等强度的负荷量，直到对这种刺激产生劣性或接近劣性反应时为止。

强度法最显著的作用是可以在学生的肌肉体积没有过多增加的情况下，依旧使相对力量得到提高。这点也得到了多数相关学者的认可，他们认为对于参与最大力量项目锻炼的学生来说，周期性地举极限和亚极限重量可以有效地促进专项工作能力的提高。

（三）力量耐力的训练

力量耐力是力量素质和耐力素质的综合素质，它是在静力性或动力性工作中长时间保持肌肉工作能力，而不降低其工作效果的能力，也可以简单解释为力量可以持续工作的能力。在众多体育项目中需要静力性力量耐力参与的有很多，如射箭、射击、举重中的支撑动作，体操运动的静态支撑等；要求动力性力量耐力的运动项目多数集中在田径、球类、游泳和体操等项目。

1．等动训练法

等动训练法即等动力练习法，它是利用等动练习器进行的力量训练方法。等动练习器的基本结构是在一个离心制动器上连接一条尼龙绳，拉动尼龙绳时的力量越大，由于离心制动作用，器械所产生的阻力也就越大。

等动练习实际上与纯粹的克制性工作有一些区别，理由在于在进行克制性工作时，肌肉在缩短过程中张力要发生改变，而等动练习时，肌肉一直以某种张力进行收缩，并且收缩速度始终保持恒定。因此，等动训练法并不等于肌肉克制性工作。

2．极端用力法

极端用力法要求训练时做极限数量的重复，每组练习做到力竭为止。这种练习法的原理是需要从大脑皮层发出补充的神经冲动去激发新的运动单位，把每块肌肉充分地调动起来，并去激发新的肌群，这一过程也可以称为兴奋过程的扩散。

运动实践已经充分证明，这种方法不仅能极为有效地发展学生的力量耐力，还是发展最大力量和培养学生意志和心理稳定性的有效方法。

(四) 力量练习手段及负荷强度的确定

1．力量练习的基本手段

(1) 负重抗阻练习

运用杠铃、哑铃、壶铃等器械进行练习。可用于机体任何一个部位肌肉力量的练习。负重抗阻练习是最常用的力量练习手段。

(2) 对抗性练习

如双人顶、推、拉等，依靠对抗双方以短暂的静力作用发展力量素质。在对抗练习中可以不需要任何器械设备，但可以引起练习者的兴趣。

(3) 克服弹性物体的练习

使用拉力器、橡皮带等，依靠弹性物体变形而产生的阻力发展肌肉力量。

(4) 利用力量训练器的练习

利用力量训练器械，可以使身体处在各种不同的姿势状态中（坐姿、卧姿、立姿）进行练习，使练习更加具有针对性。

(5) 克服外部环境阻力的练习

克服外部环境阻力的练习主要是在自然环境所提供的场所中进行练习，如沙地、雪地、草地的跳跃练习。这种可以较好地发展下肢肌肉力量。

(6) 克服自身体重的练习

如引体向上、纵跳等。这种练习主要由四肢远端支撑完成，迫使机体局部承受体重，从而发展机体局部部位的力量。

2. 力量练习负荷强度的确定

首先需要了解自己的实际负荷能力。用适当的重量，做一次最大重复次数的测定（持续到极度疲劳，肌肉已无法继续工作为止的测定），计算出最大负荷。了解了最大负荷后，就可以计算出任何一个百分比强度的具体负荷数据。

二、速度素质训练方法

速度素质包含许多种类，这里选择其中最有代表性的移动速度来进行训练方法的说明。

移动速度在某种意义上是一种综合运动能力的表现，是速度素质中最为重要的一项，在多种运动中都有体现。移动速度与学生的力量、柔韧、速度耐力和灵敏性都有着密切的联系。发展移动速度可采用以下几种方法。

（一）发展力量练习法

移动速度的快慢取决于灵敏、柔韧、力量等素质，但在这些素质中，力量占据了更多的分量。力量练习是移动速度练习的基本途径之一，练习力量的目的实质上是提高速度素质，但最终目的是把所获得的力量和速度素质用于提高移动速度上来。因此，在通过力量训练达到提高移动速度水平的练习中一般要注意以下几点：

①力量练习应本着使力量素质得到全面、均衡的发展的宗旨开展。

②力量练习应要求学生以较快的速度并加上一定的负重的重复练习，以促进移动速度的提高。

③力量练习应是培养学生预防运动损伤和自我保护的能力，强调科学、安全的练习。

④发展基本力量的练习应采用适中的强度（强度为40%～60%）进行快速的重复练习，使得肌肉力量和肌肉横断面增大。

⑤力量练习应侧重速度力量的发展，一般可采用超等长的力量练习，如立定跳远、单足跳（跳上跳下台阶）、跳深等。

（二）发展步频、步长的练习法

通常步长和步频是影响移动速度的主要因素，主要在跑动较多的运动项目中有较好的体现。而决定步长和步频的共同因素则是力量的协调性。其中，影响步频的因素有肌纤维的类型和神经系统的灵活性；影响步长的因素有柔韧性。灵活性和柔韧性都可以通过后天的练习获得水平的提高，而腿长、肌纤维类型、神经系统灵活性则主要取决于遗传。所以，如果一个学生的步频较慢，那么他提高移动速度的最有效的措施就是加大步幅。

（三）发展速度素质应注意的问题

1. 合理安排速度素质练习的顺序与时间

各种身体素质及运动能力之间具有相互联系、相互促进和制约的关系，在发展某一素质的同时，都会或多或少、直接或间接地引起其他素质的变化。例如，速度练习应放在力量练习之前进行。而在力量练习中，应交替进行一些轻松、快速的跑跳练习或一些协调性和柔韧性练习，这对发展速度素质十分必要。

速度素质练习的时间应安排在练习者身心状态最佳、精力最充沛的时候进行。因为人体疲劳后神经过程灵活性降低，在这时发展速度素质效果不好。

2. 发展力量和柔韧性，提高速度素质

力量特别是快速力量和柔韧性，是影响速度素质的重要因素。所以在发展速度素质的过程中，首先要注意发展快速力量，如采用中小强度多次重复的快速负重练习；其次要提高柔韧性，以增加力的作用范围和时间，同时能使肌肉间的协调性得到改善，促进运动速度的提高。

3. 发展速度素质应重视肌肉放松

肌肉放松，张弛有度，能够减少肌肉本身的内阻力，增大肌肉合力。如果肌肉过分紧张，协调性会下降，已有的快速能力也无从发挥。肌肉放松，动作则可能协调，能量物质得到合理的利用，有利于提高速度素质。

4. 预防和消除“速度障碍”

速度素质发展到一定水平，常会出现发展缓慢，甚至停滞不前的现象，即“速度障碍”。这是练习中采用固定不变的负荷，练习对人体已经不产生新的刺激，练习者的频率、节奏、技术等达到一个相对稳定的状态所致。要克服这种现象，就应做到以下几点：

①加强基础训练，全面提高综合身体素质的水平。

②练习手段多样化，以不同的节奏和频率完成动作，建立中枢神经系统灵活多样的条件反射。

③不断变化负荷量与负荷强度，对机体不断产生新刺激。

(四) 速度素质的常用练习手段

1. 反应速度的常用练习手段

(1) 两人拍击

两人面向开立，听到开始口令后，设法拍击对方背部且不被对方击中自己，在规定时间内（每次 1 分钟左右），拍击对手多者为胜。

（2）反应起跳

练习者围圈面向圈内站立，圈内1至2人，站在圆心附近手持小树枝或小竹竿（竿长超过圈半径）。游戏开始，持竿者将竹竿绕过站圈人脚下画圆，竿经谁脚下即起跳，不让竿打上脚，被打即失败进圈换持竿者，持竿者可突变画圈方向，训练其反应。

（3）追逐游戏

两人相距2米面向站立，事先规定单数或双数队，听口令，在15～20米距离追上为胜，追不上为败。

（4）起动追拍

两人一组前后相距2～3米慢跑，听到信号开始加速跑，后者追前者，追上并拍击他背部就停止，要求在20米内追上有效。也可在追赶时，组织者发出第二个信号，让其后转身互换追赶。

（5）听口令做对应的相反动作

听教师叫立正，练习者做稍息；叫向左转，练习者做向右转等。

（6）听信号起动加速跑

慢跑中听信号后突然加速冲跑10米，反复进行。也可以做原地或行进间的小步跑或高抬腿跑，听到信号后突然加速冲跑10～20米。反复练习。

（7）俯撑起跑

从俯撑开始，听信号后迅速收腿起跑10～20米。

（8）转身起跑

背对前进方向站立，听信号后迅速转体180度，起动加速跑20米。

（9）听口令起跑

蹲踞式或站立式起跑20米。组数及每组次数根据练习者水平而定，组间休息5～8分钟。

（10）反应突变练习

练习者听各种信号做各种滑步、上步、交叉步、转身、急停、接球、上步垫球等模仿练习。

2. 位移速度的练习方法

(1) 小步跑或高抬腿跑转加速跑

行进间快频率小步跑或快频率高抬腿跑，听到信号后转加速跑20～30米。要求起动快，在高速下完成练习。重复3～7组。

(2) 快速后蹬跑

慢跑5～7步后，做行进间快速后蹬跑20～30米。要求蹬摆协调，后蹬充分向前。重复3～7组。

(3) 后蹬跑变加速跑

行进间后蹬跑20米，听到信号后变加速跑20～30米。要求后蹬动作规范，用力方向向前，加速跑速度越快越好。重复3～7组。

(4) 单足跳变加速跑

做10～15米单足跳，听到信号后变加速跑20～30米。要求左右脚各做一次练习后变换，加速跑要达到最快速度。重复2～3组，组间歇5分钟。

(5) 交叉步接加速跑

做5米交叉步跑，然后转体做加速跑20米。要求交叉步符合技术标准，动作协调，加速跑要加快速度。重复2～3组。

(6) 倒退跑接加速跑

向后做倒退跑，听到信号后急停向前加速跑。要求加速跑要加快速度，也可计时进行。重复3～5组。

(7) 加速跑

逐渐加速至最高速度后保持一定距离，然后放松跑。加速跑50米、80米、100米，每组3～5次，重复2～3组，组间歇5～10分钟。

(8) 连续加速跑

逐渐加速跑至最高速度，然后随惯性高速度跑3～4步后随惯性放松至慢跑后再加速跑，连续练习。一般为30米加速跑，保持高速跑

5～8米，放松跑15～20米，然后第二次加速跑。重复2～3组，组间歇5～7分钟。

（9）站立、半蹲或蹲踞式起跑

跑20米、30米、50米、60米，要求动作规范，起动及加速跑速度要快，达到最高速度。可计时跑，每组3～4次，重复3～4组，组间歇5～10分钟。

（10）行进间跑

加速跑20～30米，在到达规定行进间的距离前达到最高速度，在规定距离内保持最高速度跑，跑出规定距离后随惯性放松至慢跑，行进间距离可20米、30米、50米、60米、80米、100米等。一般计时进行。每组2～3次，重复2～3组，每组间歇5～10分钟。

（11）重复跑

以95%或以上的速度，重复多次跑。也可以重复跑一组不同的距离。每组3～5次，重复2～3组，每组间歇10分钟。

（12）变速跑

加速快跑30米、50米或80米，然后放松慢跑30米、50米或80～100米。或直道加速快跑，弯道慢跑；或弯道快跑，直道慢跑等。要求慢跑休息，不能走。每组4～6个变速段，重复3～5组，每组间歇7～10分钟。

（13）下坡跑

站立式或蹲式起跑，沿7°～10°的斜坡跑道下坡跑30～60米。要求随下坡惯性积极加快频率及速度。每组3～5次，重复2～3组，每组间歇5～7分钟。

（14）让距追赶跑

2～3人一组，根据速度水平前后拉开距离，速度快者在前，听信号站立式起跑后全速跑，后者追赶前者，前者努力不让后者追上。跑30米、60米，每组2～3次，重复2～3组，每组间歇5～7分钟。

（15）接力跑

8×50米、4×100米或绕田径场连续循环接力跑，也可画半径为20米的圆进行圆圈接力跑。每组2～3次（传接棒），重复2～3组，每组间歇5～7分钟。

（16）全速跑楼梯

听信号起跑，全速往返跑3～4层楼的楼梯。要求不能碰扶手，不跨越台阶，每组往返2～3次，重复2～3组，每组间歇5分钟。

三、耐力素质训练方法

（一）持续训练法

持续训练法是一种低强度、长时间、无间断地连续训练的方法。教师可选择此方法进行一般耐力素质的训练，以达到提高青少年有氧代谢系统的供能能力以及该供能状态下有氧运动的强度。除此之外，这种练习还可以为青少年的无氧代谢能力和无氧工作强度的提高奠定坚实的基础。

持续训练方法总体强度不大，但是对身体施加负荷（负荷并不强烈）的时间相对较长，技术动作可以是单一的，也可以是多种动作相结合的，并且持续训练以有氧代谢系统供能为主。

除此之外，持续训练法还能发展一般耐力、力量耐力，提高摄氧、输氧等能力。通常青少年在进行一组练习的持续负荷时间应最少保证在10分钟，负荷强度心率指标控制在160次/分左右，训练过程不中断。这类训练方法可以有效提高青少年以有氧代谢系统供能状态下所表现出来的专项耐力，有效地提高技术应用的稳定性和抵御疲劳的耐久性。

（二）间歇训练法

间歇训练法是一种在多组训练过程中间歇休息时间并不充足，使机体处于不完全恢复状态下再进行反复训练的方法。在青少年耐力训练中，合理应用间歇训练法，可以明显增强机体的心肺功能，有效提高多种供能能力，提高机体抗乳酸的能力。

间歇训练法可以显著提高短距离跑和中长距离跑项目的速度耐力和耐力水平。这里所谓间歇的方法并不是完全终止运动，而是采用积极性休息方式，如采用慢跑或走，也可以采用一些放松性的练习。当心率恢复到 120～130 次/分时就开始下一次的练习。

由于间歇训练法是在未能完全恢复的情况下就进行下一次练习，因此会对青少年身体机体产生以下几方面的影响：

①提高每分钟的血液输出量，提高心肌收缩力水平和心脏输出量水平。

②增强呼吸系统功能，特别是可以提高最大吸氧量水平。

③提高糖原有氧分解能力和有氧耐力水平。

④提高有氧无氧混合供能能力和无氧耐力水平。

训练的时间、训练的距离、练习的强度、间歇的时间与训练的目的构成不同类型的间歇训练法。

（三）重复训练法

重复训练法的方式为安排同一内容的多次重复练习，并在两次练习之间留有一定的休息时间。重复训练法可有效强化青少年的运动条件反射，对掌握运动技术和提升身体素质效果显著。在重复训练法中单组训练的负荷量、负荷强度及组间休息时间影响着训练的效果。在每组间隔的休息时间中，可采用的休息方式有静止性休息、肌肉按摩放松、慢走。

重复训练法要求在每组间隔时间中做到完全性休息，其标准为运动者心率降到 100～120 次/分。重复训练法中的各元素通过不同的搭配会产生不同的、更有侧重性的训练效果。

（四）提高心肺有氧耐力的常用练习手段

有氧运动是指人体在氧气供应充分的情况下进行的体育运动。体内由血糖、血氨基酸和血脂肪酸在有氧状态下，合成新的热能物质来提供能量，而血糖由淀粉分解后供应，血脂肪酸由脂肪分解后供应，血氨基酸由蛋白质分解后供应，这整个过程需要靠氧气燃烧淀粉、脂肪和蛋白质来生产热能物质，供应后段运动所需的热量，这后段的运动就属于有氧运动。

有氧运动的基本特征体现在：①运动时间相对比较长，一般要持续20分钟以上；②运动强度适中，即在运动过程中，人体吸入的氧气与需求相等，达到生理上的平衡状态；③全身大肌肉群参与活动。

1. 定时跑或定距跑

这是一种持续练习手段，练习者在运动场、公路或公园中进行20分钟以上的定时跑，或者确定跑步的距离（如3000米）。运动时的负荷强度为中小强度，为最大负荷强度的50%～55%，运动时心率在130～150次/分较为适宜。

2. 定时定距跑

在运动场或其他适合跑步练习的环境做规定时间跑完固定距离的练习。例如，按规定的要求在15～20分钟内跑3000～4400米。练习负荷强度为55%～60%，为中等负荷强度。一般情况下，定时定距跑的练习应从较小强度开始，进行一段时间的适应性练习之后，再逐渐增加运动负荷强度。

3. 变速跑

由于变速跑具有不断变换跑速的特点，因此练习应选择在较为平坦的场地上进行。快跑段与慢跑段的距离可在100～1000米之间任意选择，任意组合。练习的表现形式是快跑与慢跑交替进行，一般采用较长距离快跑与较短距离慢跑组合比较多。例如，400米快跑与200米慢跑相结合的变速跑练习，重复4～8次为一组，视自身的有氧耐力水平进行1～2组练习，每组的间歇时间为10～12分。快跑段心率控制在150次/分左右，慢跑段心率恢复到120次/分以下。

4. 重复跑

重复跑的练习强度相对比较大，因此练习应选择在标准田径场的跑道上进行。重复跑的练习强度不应过大，但跑的距离可以长一些。发展有氧耐力的重复跑的距离一般选择在1000～2000米，可重复4～6次，选择中小运动强度，约为最大强度的50%～55%，运动后心率可达到160次/分。跑完规定的段落后，需要待身体基本恢复至练习前水平再进行下一段落的练习。

5. 越野跑

越野跑是一种持续练习的手段，一般常在公路、树林、草地、山坡等场地进行。跑步的距离一般要求在4000米以上，多的可达10000～20000米。如以时间计算，一次越野跑的练习时间最少也应该在20分钟。越野跑的练习强度较小，约为最大强度的40%～50%。运动时心率在130～140次/分较为适宜。

6. 法特莱克跑

法特莱克跑是一种加速跑与慢跑交替进行的长跑训练方法，中文意思就是速度游戏，起源于20世纪30年代的瑞典。法特莱克练习与间歇练习区别很大，并没有严格的间歇规定，练习者完全根据自己的感觉决定放松和加速的时间与距离；对运动场地的要求也比较随意，主要选择在空气新鲜的地方，郊区、公园、树林、山地都可以进行；一般运动时间在30分钟以上，保持中小运动负荷强度较为适宜。

7. 徒手定时走

在标准田径场、公路、公园或其他自然环境中按规定时间，自然走或行进速度稍快些地自然走，一般至少走30分钟。可采用变换练习的方法，例如，交替进行快慢走，或者快走2000米，间歇3～5分钟，重复4～6组。徒手定时走的练习强度较小，一般为最大强度的30%左右，因此有必要加长练习时间以弥补运动负荷强度的不足。

8. 水中定时游

可在标准游泳池或具有安全保障的自然水域中进行，对练习者的游泳姿势及游速不做任何要求，仅要求在水中游一定的时间。例如，要求不间断地游 15～30 分钟或更长时间等，运动负荷强度为 40%～50%，运动时心率保持在 140 次/分左右。

9. 原地跳绳或跳绳跑

在平坦的场地上进行，练习者做两臂正摇原地跳绳 3 分钟或跳绳跑 2 分钟，重复练习 4～6 次，每次练习后休息 5 分钟左右再进行下一次的练习，运动负荷强度为 45%～60%。要求：每次练习结束时，心率在 140～150 次/分，间歇休息结束时，心率恢复至 120 次/分以下再开始下一次练习。

10. 登山游戏

登山具有一定的危险性。因此，首先应确认登山活动是在具有安全保障的环境中进行。练习者在山脚下听口令出发，规定好终点，可以自选路线登山或按规定路线登山，可在登山途中安排一些小游戏，如事先在沿途不同地点藏一些“小礼品”，练习者在登山的过程不断地“淘宝”，以增加登山的乐趣。也可以在沿途不同地点埋设“地雷”，规定各队要找出“地雷”后集体到达终点，早者为胜等。登山活动的运动负荷强度相对较大，一般可达到 60%以上。

11. 长时间滑雪、滑冰或划船

确保在安全的运动环境中进行，连续不间断地进行 15 分钟以上的滑雪、滑冰活动或连续不断地进行 20 分钟以上的划船活动，运动负荷强度一般可达到 40%～60%。

12. 5 分钟以上的循环练习

练习者可根据需要选择 6～8 个不同形式的练习手段，组成一套循环练习，反复循环进行 5 分钟以上，每次完成 3～5 组，每组间歇时间在 5～10 分钟，运动负荷强度控制在 40%～60%。每次运动结束时，心率控制在 140～160 次/分，通过休息将心率恢复到 120 次/分以下再开始下一组的练习。

有氧耐力训练中采取的跑步练习，适宜于强度较低、持续时间较长的训练，多采取匀速跑步和间歇跑步的练习。需要注意的是，训练强度不能过低，强度过低，就不能充分发挥机体的有氧运输系统功能的潜能，无法有效提高有氧代谢能力。但如果训练强度过高，训练持续时间缩短，则又会形成无氧代谢。

（五）提高无氧耐力的锻炼方法

无氧耐力是人体在氧供应不足的情况下较长时间进行肌肉工作的能力。影响身体无氧耐力的因素有乳酸能系统的供能水平、机体对酸性物质的缓冲能力，以及耐酸能力与身体内的肌糖原含量等。无氧耐力能源主要是乳酸能系统。经过系统无氧耐力训练，身体的耐酸能力将得到增强。无氧耐力训练通常采用间歇训练法，可以有效提高身体系统功能的水平，提高肌体对乳酸的耐力，从而提高无氧耐受力。同样，采用重复训练法也有利于提高无氧耐力。

1．跑步练习

用 30 秒跑完 200 米，间歇 30～90 秒，重复数次，跑完后心率达到 170～190 次/分。慢跑 100～200 米后大跨步跑 100～200 米，接着冲刺疾跑 100 米左右，然后快跑 100 米左右，接着放松慢跑。进行 500 米全力跑步练习，重复练习几次。

2．跳绳练习

熟练掌握跳绳节奏，加快跳绳速度，减少臂、腕的摆动幅度，在跳绳绕过脚时，脚跳的位置不要太高，恰好能使跳绳通过即可。

四、灵敏素质训练方法

（一）反应能力训练

①正向反应练习。根据指令快速做出动作。例如，指令为上举，则做上举动作。

②反向反应练习。根据指令快速做出相反的动作。例如，指令为上举，则做下举动作。

③在多种初始状态下听指令做动作练习。初始状态可以是原地，也可以是在跑动中。

④限定范围内的一对一追逐练习。

⑤限定范围内的一对一抢后背号码游戏。

⑥听指令或看手势做不同状态的跑与停练习。

⑦听指令做多种姿势的起跑练习。

⑧跳绳。安排两人负责摇绳，练习者在恰当的时机跑入中间做转身跳过等练习。

⑨掌心相对做打手背练习。

⑩多种类型的体育游戏练习，常见游戏有叫号追人、贴人、抢空位等。

（二）平衡能力训练

①两人相对单腿站立，双臂互相搭在一起，尝试破坏对方平衡，使其抬起的那只脚着地。

②两人相对弓箭步站立，双臂互相搭在一起，尝试破坏对方平衡。

③做各种姿势的平衡练习。

④做头手倒立练习。

⑤做听指令急停练习。

⑥站在平衡木上做横跳或向下跳练习。应特别关注向下跳落地后的身体平衡保持。

⑦站在平衡木上做多种平衡动作。

（三）协调能力训练

①两人背对挽臂，做蹲姿下的跳进和跳转练习。

②动作模仿练习。

③徒手操练习。

④两人做头上拉手同向连续转练习。

⑤不同方向和步法的脚步移动练习。

⑥做跳起空中体前屈摸脚练习。

⑦两人一组，一手扶对方肩，另一手握住对方脚腕，然后尝试做各种方向的蹦跳及转向跳。

五、柔韧素质训练方法

柔韧是指人体关节活动幅度以及关节韧带、肌腱、肌肉、皮肤和其他组织的弹性和伸展能力。通常所说的柔韧性就是指关节和关节系统的活动范围。研究表明，柔韧性是人体重要的素质之一。

关节活动幅度的大小，会影响到一个人的正常生活质量。良好的柔韧性对每一个人都具有独到的益处：

①柔韧性锻炼能扩大关节韧带的活动范围，有利于增强身体的灵活性和协调性，预防损伤的发生以及减轻损伤的程度。

②柔韧性锻炼可使僵硬的肌肉得到松弛，防止肌肉痉挛，减轻肌肉疲劳。

③通过柔韧性锻炼，能够加强肌肉韧带的营养供应，延缓肌肉韧带的衰老，同时还能延缓血管壁弹性下降和皮肤松弛。

④发展柔韧性素质是提高其他身体素质的重要保证之一。柔韧锻炼有助于机体灵敏、速度、平衡等素质水平的提高。

（一）颈部柔韧素质训练

1. 前拉头

取站姿或坐姿，双手交叉在头后，然后头向前下方下压至下颌贴胸部，以此给头部施加一个牵拉力，此时双肩也要配合下压。该动作应在最大幅度下维持 10 秒左右的时间，然后复原。

2. 后拉头

取站姿或坐姿，缓慢向后仰头，双手置于前额，缓慢向后拉颈。该动作应在最大幅度下维持 10 秒左右的时间，然后复原。

3. 侧拉头

取站姿或坐姿，左臂在背后屈肘，右臂从右肩上向下抓住左臂肘关节，缓慢向右牵拉左臂肘关节。该动作应在最大幅度下维持10秒左右的时间，然后复原。

（二）肩部和背部柔韧素质训练

1. 单臂开门拉肩

学生站于门框中间，两肩侧对门框，两脚分开，一前一后，右臂肘关节抬起后外展，高度与肩同高，小臂向上，掌心对墙。然后上体向另一侧转动给予肩部一个牵拉力。两臂交替练习。

2. 向后拉肩

取站姿或坐姿，双手在背后合掌，手指向上。然后两掌向上移动至最大限度，再向后拉肘。如此反复练习。

3. 助力顶肩

取跪立姿，双臂上举，双手交叉于同伴颈部。同伴站在练习者身后，一手扶髋，另一手扶练习者肩胛部位。然后同伴身体后仰，髋部上顶练习者肩胛部位以给予练习者肩部一个牵拉力。如此反复练习。

4. 背向压肩

学生背墙而站，双臂后抬扶墙，双手慢慢向上爬至与肩同高。然后两腿屈膝来降低肩部高度，以此给予肩部一个牵拉力。该动作应在最大幅度下维持10秒左右的时间，然后复原。

5. 坐立拉背

取坐姿，上体前压贴于大腿上部，双手抱腿，肘关节低于膝关节。然后上体继续前倾，两臂向前拉伸背部，过程中两脚始终要接触地面。该动作应在最大幅度下维持10秒左右的时间，然后复原。

（三）臂部和腕部柔韧素质训练

1. 上臂颈后拉

取站姿或坐姿，左臂上举后屈肘，肘部位于头部侧方，左手垂至肩胛处。右臂上举屈肘，右手抓左臂肘关节后向右拉。两臂交替练习。该动作应在最大幅度下维持10秒左右的时间，然后复原。

2. 背后拉毛巾

取站姿或坐姿，左臂上举后屈肘，右臂从身后屈肘小臂上抬，两手握住一条毛巾，然后两手逐渐靠近。两臂交替练习。该动作应在最大幅度下维持10秒左右的时间，然后复原。

(四) 腰部柔韧素质训练

1. 俯卧转腰

取俯卧位，俯卧于台子上，躯干上部要在台子边缘之外悬空，在肩上搭一木棍，两臂搭在木棍上。然后左右转动躯干至最大幅度。该动作应在最大幅度下维持10秒左右的时间，然后复原。

2. 站立体侧屈

取站姿，两脚一左一右站立，双臂头上伸，然后做向一侧的体侧屈，侧屈时确保耳朵贴在肩上。两侧交替练习。该动作应在最大幅度下维持10秒左右的时间，然后复原。

3. 倒立屈髋

取仰卧姿势，然后缓慢成头手倒立，双手扶腰两侧。然后缓慢弯曲双腿，直至脚接触地面，如此反复练习。该动作应在最大幅度下维持10秒左右的时间，然后复原。

(五) 腹部和胸部柔韧素质训练

1. 俯卧背弓

取俯卧姿势，两腿屈膝，两脚上抬，双手后伸抓脚踝，然后胸部和双膝同时提起成背弓。该动作应在最大幅度下维持10秒左右的时间，然后复原。

2. 上体俯卧撑起

取俯卧姿势，双手在髋部上方撑地。然后用力撑起上体，头部后仰，成背弓。该动作应在最大幅度下维持10秒左右的时间，然后复原。

(六) 髋部和臀部柔韧素质训练

1. 弓箭步压髋

取站姿，然后两腿一前一后成弓箭步站立，位于身体后方的脚脚背着地。然后缓慢屈膝降低重心，直到后腿的膝也贴地。两腿交替练习。该动作应在最大幅度下维持 10 秒左右的时间，然后复原。

2．坐立反向转体

取坐姿，两腿向前伸展，双手支撑在髋部的地面上。两腿交叉，屈膝使脚跟向臀部方向滑动。然后转体，头部要转到身体后方，使身体对侧的肘关节顶在屈膝腿的外侧，同时缓慢推动屈膝腿。该动作应在最大幅度下维持 10 秒左右的时间，然后复原。

（七）大腿柔韧素质训练

1．体侧屈压腿

学生侧向站立在一个约与髋高度齐平的台子旁。将一脚搭在台子上，身体向台子一侧缓慢下压。两腿交替练习。该动作应在最大幅度下维持 10 秒左右的时间，然后复原。

2．直膝分腿坐压腿

取坐姿，双腿最大限度分开，然后上体缓慢向一侧腿下压下去。两腿交替练习。过程中要注意将腰部充分伸展。该动作应在最大幅度下维持 10 秒左右的时间，然后复原。

3．坐压脚

取跪姿，脚背贴地，脚趾朝后，臀部坐于脚跟上，以此拉伸腿部。该动作应在最大幅度下维持 10 秒左右的时间，然后复原。

4．站立拉伸

取站姿，后背贴墙，抬起一腿由同伴托住，然后同伴逐渐向上抬举，以此拉伸腿部。该动作应在最大幅度下维持 10 秒左右的时间，然后复原。

（八）小腿柔韧素质训练

1．坐拉脚掌

取坐姿，两腿分开，一腿屈膝，脚跟向内抵住腹股沟。然后上体前倾，用手抓住伸展腿的脚掌向后拉。过程中，伸展腿应始终保持伸直状态。该动作应在最大幅度下维持 10 秒左右的时间，然后复原。

2. 扶墙拉伸

面墙而站，双手扶墙，两脚脚趾朝墙。然后屈肘两前臂贴墙，身体前压，给予小腿以一定的牵拉力。过程中身体和头颈等部位始终应保持伸直状态。该动作应在最大幅度下维持10秒左右的时间，然后复原。

（九）脚部和踝部柔韧素质训练

1. 脚趾上部拉伸

两脚分开，前后站立，前腿微屈，脚趾搭在低矮台阶上，身体逐渐前倾给予脚趾一个牵拉力。两脚交替练习。该动作应在最大幅度下维持10秒左右的时间，然后复原。

2. 跪撑后坐

取跪姿，两手在身体两侧撑地，双脚并拢脚面触地，脚尖朝后，然后臀部逐渐向后下方移动直至最大限度。该动作应在最大限度下维持10秒左右的时间，然后复原。

第二节　青少年常见心理问题及处理

一、淡漠心理

（一）心理形成分析

淡漠心理是由于青少年因频繁接受外界刺激，致使大脑皮层兴奋过程下降、抑制过程加强而形成的。其一般出现在参与训练或比赛活动之前。

（二）处理方式

常用的对淡漠心理问题的处理方法主要有以下几个：

①在教师的正确引导下端正青少年对运动训练或比赛的态度。

②教师在分析学生心理淡漠问题的原因后努力找出应对方案，重建学生对运动训练的信心。

③运动训练的安排要确保科学合理，避免频繁安排大负荷训练。在观察到学生的负面情绪后要予以重视，确保学生能以较好的态度投入训练当中。

二、厌倦心理

（一）心理形成分析

厌倦心理是由于青少年长期参加运动训练后产生的难以再受到新刺激的影响的心理问题。在实际中往往表现为学生对训练感到厌烦和惧怕，如此非常影响正常运动计划的完成。一旦学生出现厌倦心理，教师就要及时予以干预，帮助学生尽早摆脱这种心理的干扰。

（二）处理方式

1. 制定合理的目标

为了缓解学生的厌倦心理，在制订运动计划时就应考虑到目标设定的合理性，即目标是否设定在了学生的最近发展区中。此外，在运动过程中还要辅以教师乃至家长的引导，力争使学生能循序渐进、由小到大地完成运动目标，从而建立起良好的自信。

2. 对训练动机进行适度强化

动机是驱使人做出某种行为以及延续这个行为的原动力。因此，为了解决学生对运动训练的厌倦心理问题，教师和家长应积极予以引导，这种引导应以成功案例为基础，再辅以理论传授，最终激发学生的运动动机，由此削弱厌倦心理对学生的影响。另外，在组织训练活动时教师要尽力营造好的训练氛围，一旦在训练中发现了学生的亮点要及时点出并表扬，但在发现问题时也应及时指出和适当批评。

三、体育运动对青少年心理健康发展的促进作用

青少年的心理发展需要一个相当长的过程，从依赖到独立，从幼稚到成熟，不光要靠自身的努力和锻炼，教师与家长也有着不可推卸的责任。现代体育心理学研究证明，焦虑、紧张、激烈的心理状态会随着运

动强度的增加而逐步降低系数，因此体育运动肩负着重要的心理健康教育责任。

（一）激发青少年健康的情感意识

参加体育运动，尤其是参加自己喜欢并擅长的体育运动时，可以让人心情愉悦，得到满足感和幸福感。人在运动时大脑会分泌一种肽，这种肽支配人的心理和行为，并能使中枢神经系统达到愉快水平，起到振奋人心的作用。教师要根据学生的不同情况安排适合学生参与且具有吸引力的运动项目，以丰富、有趣、灵活、生动的教学方式激发学生的运动热情，让学生在丰富多彩的体育运动中产生奋发向上、积极乐观等健康的情感意识，促进其责任感、正义感等情感的产生与发展。

（二）铸造青少年坚强的意志品质

意志是指决定达到某种目的而产生的心理状态，是为实现目标克服困难的心理过程，对工作、学习都有着巨大的影响。体育运动具有艰苦、激烈、紧张、竞争性强等特点，可以培养青少年勇敢顽强、不怕困难、吃苦耐劳的精神，有助于培养其沉着冷静、谦虚谨慎、机智勇敢等意志品质，使青少年保持积极健康的心理状态。学校应因材施教，使每一位学生都能在体育运动中有所收获，磨炼其意志，培养其品格。可挖掘一些具有优良品质的运动员案例或身边榜样来激励学生克服运动中怕出丑、怕受伤或因不自信而产生的恐惧感等心理，有目的地促使学生养成勇敢、果断、自律、坚毅等意志品质。

（三）塑造青少年健康的个性心理

体育运动可以塑造良好的个性心理。青少年在参加体育运动过程中，必须遵守比赛规则并调控自己的某些行为，如在竞争过程中尊重对手、关爱队友等，这有利于培养健康的心理素质，体现团结、友爱、共同进步等美好思想。

（四）构建青少年良好的人际关系

体育运动具有很强的群体性和竞技性，为人际交往提供了良好的机会。青少年可以通过体育运动冲破自我封闭，学会接纳他人，发展和谐的人际关系，在运动场上建立平等、亲密的友谊。体育运动也有利于青少年消减其在学习和生活中的烦恼及压力，使其心胸变得宽广，从而有助于构建良好的人际关系。

（五）增强青少年的环境适应能力

青少年对环境的适应能力是心理健康发展的重要指标。青少年在参加体育运动时不仅要面临天气、器材、场地等客观因素的考验，还需克服对手以及自身因素造成的诸多困难，靠着自身敏锐的观察力、果敢的判断力和坚定的意志力等良好心理素质，去适应激烈的竞争环境。顺境、逆境中的心理变化，胜利、失败之间的思想斗争等，都使青少年承受着巨大的心理压力，而尽快适应环境、克服压力，会使其获得快速的成长，在参加体育运动过程中不断超越自我、战胜自我。

第三节　青少年社会适应能力的促进

一、社会适应的相关概念

（一）社会适应的概念

社会适应是指个体或群体调整自己的行为使其适应所处社会环境的过程。社会适应有两种方式：一是个体通过调整或改变自己的观点、态度、习惯、行为以适应社会条件和要求，这属于生存适应；二是尽最大可能改变环境使之适合自己发展的需要。社会适应过程实质上是个体不断社会化的过程。

（二）社会适应能力及社会化

社会适应能力，又称社会健康，是指人为了在社会更好生存而进行的心理上、生理上以及行为上的各种适应性的改变，与社会达到和谐状态的一种执行适应能力。社会化是把一个生物的人塑造成一个合格社会成员的过程。在这一过程中，个体必须适应自己生活于其中的社会变化，在与他人的交往与互动中逐渐形成自我观念，协调人际关系；学习和体验不同社会角色，学会承受各种挫折；直面各种冲突并学会妥协和顺应、合作与竞争。

二、学校体育对促进学生社会适应力的作用

学校体育除在学生的身体健康和心理健康两方面起到重要作用之外，还对学生的社会适应能力的提升有着较大作用。这些作用具体表现在以下几个方面。

（一）有利于建立和谐的人际关系

和谐的人际关系都是通过与他人的交流获得的。所谓的人际交往，是指人在各种社会活动中与他人进行信息交换或情感沟通。学校中开展的各项体育活动以体育作为主要内容，能够增加学生之间的交流话题，为他们创造更多的交流机会，有助于学生彼此互相了解和学会如何协调人际关系。

相对于其他学科来说，体育运动给学生创造的话题无疑更加轻松，使学生的沟通更加便利和直接，场景也更多，也就是说，学校体育更能创造出好的交流氛围。更重要的是，学校体育的形式多样，能够凝聚有着相同体育爱好的学生，让他们能真切感受到激烈竞争中的身体对抗以及集体协作中的默契配合。这些都有助于学生之间增进感情、巩固友谊，而他们的社会适应力也在其中潜移默化地获得了提高。

（二）有利于培养学生的竞争意识及抵抗挫折的能力

学生在学校体育活动中总是能遇到新的挑战。学校体育活动形式多样，不仅有对个人运动能力的挑战，也有对自己所属的团队的考验，且任何体育活动都有胜败之分，对于大多数参与体育运动的学生来说，面对失败的概率远高于胜利。如此一来，具备众多元素的体育运动既能激励学生追求胜利的心，又能磨炼学生强大的毅力和抗挫能力，这也是提高学生社会适应能力的必要过程。

（三）有利于培养学生良好的体育道德规范

任何体育活动的开展都要在规则的限定范围内进行，这也是体育运动的基本特点之一。当学生参与体育活动后，其就要学会接受规则，做与规则相符的行为，由此也就使学生在活动中学会自我约束和秉持公平竞争的精神。长此以往，良好的体育道德便形成了。

（四）有利于培养学生的社会适应性

通过参加多种体育活动，学生有机会体验和扮演不同的社会角色，使自己的品行符合一定规范，成为一个遵纪守法、有公德的好公民，这对提高学生的社会适应性极为有利。

第五章

青少年体育锻炼与体质健康促进

第一节　青少年体质健康促进的科学体育锻炼理论

青少年参加体育锻炼，除了需要掌握必要的手段与方法外，还要学习和掌握一定的科学理论。这样才能保证体育锻炼实践的科学性和合理性。

一、生理学基础

（一）体育锻炼与肌肉活动

1. 肌肉概述

肌肉是人体运动系统的基本组成部分，肌纤维是肌肉的基本组成单位，若干肌纤维排列成肌束，若干肌束聚集起来构成肌肉。

人体肌肉主要有骨骼肌、平滑肌和心肌三种类型，其中骨骼肌数量最多，有600多块，主要附着在骨骼上。根据骨骼肌外形的不同，可以将骨骼肌分为长肌、短肌、扁肌和轮匝肌四种类型。

2. 运动中肌肉的工作形式

人体在参与工作或体育锻炼的过程中，肌肉的工作形式主要以收缩运动为主，通常主要包括以下几种形式。

（1）向心收缩

向心收缩是指运动过程中人体肌肉长度缩短，这种收缩形式主要出现在人体力量训练中。

（2）等长收缩

等长收缩是指当肌肉收缩产生的张力与外力相同，或某一身体姿势维持不变时，虽然肌纤维有收缩迹象，但肌肉总长度不发生变化的收缩形式。

（3）超等长收缩

超等长收缩是指肌肉先进行离心收缩，再进行向心收缩的形式，又被称作“离心向心收缩”。

以上三种肌肉工作形式对于青少年的身体发展都具有重要的意义，经常参加体育锻炼对于肌肉力量的增强具有明显的效果。

（二）体育锻炼过程的生理监控

青少年的体育锻炼并不是盲目的，要讲究一定的科学性和合理性，而对运动生理负荷的严格监控能大大提高体育锻炼的科学性与实效性。在监控的同时能够对青少年的生理学反应有所了解，从而根据实际情况适当调整运动负荷，以适应青少年体育锻炼的需求。

一般来说，体育锻炼的生理监控是动态发展的，要选择合理的监控指标，这样才能获得可观而准确的监控结果，为青少年参加体育锻炼提供科学基础和保障。过程中要对相关的生理学方法及生理学指标进行合理筛选与运用，以充分发挥监控的积极作用。

1. 体育锻炼生理监控的原则

（1）简便性原则

实施体育锻炼的生理监控，要尽可能采用简单的、可操作性强的检测方法，筛选的检测指标不要太多，对检测器材的要求也不要太高，否则就会影响生理监控的效率。

（2）可靠性原则

在体育锻炼生理监测的过程中，要保证检测的数据真实可靠且稳定，这样才能很好地调控青少年的生理负荷。为保证监测数据的可靠性，应在监控前及时排除对数据的可靠性会造成不利影响的一系列因素，并认真检查器材，按照规范的步骤采集数据。

（3）连续性原则

连续性指的是连续采样，以保证采集的数据连续而统 ，保证数据误差最小。通过连续采样可以系统了解体育锻炼过程中的生理负荷变化规律和健身者的生理反应。

（4）不干扰性原则

体育锻炼生理监控的过程是实时性的，有时候会干扰到青少年的正常锻炼，如器材的干扰、监测人员的干扰等。受到干扰的青少年很难在体育锻炼过程中正常发挥，这样会对运动生理负荷监测数据的准确性与连续性造成影响。为避免出现这类问题，就要采取必要的措施和手段进行一定的干预，以免对青少年造成不必要的干扰。

2. 体育锻炼生理监控的检测方法

（1）实验室测试法

实验室测试法主要是针对受试者的实际情况为其制定一个个性化的运动方案，受试者在实验室按照为其量身打造的运动方案进行练习，便于测试者观察其生理机能指标的变化。实验室测试法能为受试者的科学锻炼提供客观的事实依据。

（2）运动现场测试法

在运动现场直接观察青少年在整个运动过程及恢复阶段的生理机能特征，以了解其在运动状态下生理指标的变化及各种生理反应。运动中检测青少年的心率就是这样一种方法。

二、心理学基础

（一）青少年心理发展的规律与表现

1. 青少年注意的发展

注意是心理活动对一定对象的指向与集中，是进行信息加工和认知活动的条件与保证。注意不仅包括对目标的指向，还包括对分心信息的抑制。

总的来说，青少年的注意主要呈现出以下发展规律：①从最初的以无意注意为主向以有意注意为主过渡。②抑制分心的能力有很大提高，更能将注意力集中到目标事物上。③注意品质不断改善，表现为注意的稳定性增强，初中阶段的青少年的注意广度已经接近成年人水平。④一般来说，引起青少年无意注意的原因由以外部为主转变为以内部为主。有意注意逐渐向有意后注意转化，即转变为自觉的自动注意。

2. 青少年思维的发展

(1) 青少年思维发展的基本特点

青少年可以说正处于一个形式运算阶段，他们的思维正从形象思维、抽象思维向辩证思维过渡。在这一阶段中，青少年的思维呈现出以下发展规律：①在头脑中可以将事物的形式与内容进行分离，即思维可以脱离具体的事物，根据假设进行逻辑推演。②可以同时注意事物的多个维度，思维更加全面。③思维的概括能力、反省性和控制性明显增强。

(2) 青少年思维的具体发展

①青少年假设—演绎推理能力的发展

假设—演绎推理是形式运算的重要标志之一。对于青少年而言，当他们面对一些智力方面的问题时，通常会首先做一下假设，通过挖掘隐含在问题材料中的各种可能性，再运用逻辑和实验的方法对各种可能性进行检验，最后确定事实。对他们来说，在这个过程中，可能性比现实性显得更为重要。

②青少年辩证思维的发展

辩证思维可以说是个体通过概念、判断、推理等思维形式对客观事物辩证关系的反映，是在形式思维的基础上，将事物的个别性、差异性与普遍性统一起来，在思维中恢复事物的本来面目，反映事物的矛盾运动，达到充分认识事物的目的。

在辩证思维的各种形式中，推理发展较晚并且发展的速度也稍慢。在中学阶段，青少年的辩证思维发展较快。因此，学校教育不仅是教给学生知识与技能，还要培养学生的思维能力，以及用理论解决问题的能力。

3. 青少年记忆的发展

(1) 记忆的基本能力发展

记忆的基本能力是指个体对信息的基本识记、存储和提取的能力。

一般来说，人的记忆能力主要分为以下两种。

①工作记忆

工作记忆是指在执行认知任务过程中，对信息进行暂时储存和加工的资源有限的系统。大量的实践与事实表明，工作记忆与个体认知加工能力之间有着密切的关系。在培养和提高工作记忆能力的过程中一定要注意这方面。

在具体的实践中，个体回忆的最大项目数量是反映工作记忆能力的一个非常重要的指标。相关研究发现，不同材料工作记忆的广度存在很大的差别，数字记忆广度基本上一直保持增加的趋势，8～14 岁增加速度较快，18 岁至成年期增加很少，基本保持平稳。词语广度的发展趋势与数字广度基本一致，14 岁时基本达到成人水平。视觉广度持续增加，在 14～16 岁达到高峰，之后保持稳定。另外，人的空间广度也会随着年龄的增长而增加，青少年在 14 岁之后可以基本达到成人的水平。

②长时记忆

青少年记忆的整体水平处于人生的最佳时期。在这一时期，对于外显记忆，青少年的有意记忆日益占主导地位，机械记忆和意义记忆所占比重发生逆转，尤其是高中阶段。从记忆内容上看，进入青少年期后个体对抽象材料的记忆能力也得到了明显的增强。

（2）记忆策略的发展

记忆策略是指促进信息进入长时记忆的方式。记忆策略对于青少年的发展而言非常重要。通过记忆策略，青少年能科学有效地提高记忆效率，促进自身自主解决问题能力的提高。

①记忆策略的类型

青少年的记忆策略一般包括以下几种类型：

第一，复述。复述是指通过言语在大脑中重现所需的信息。这种言语主要包括出声的外部言语和无声的内部言语两种形式，它们都是人在头脑中反复重现的信息。复述策略能有效促进人的长时记忆的发展，因此青少年一定要重视这一记忆策略的运用。

第二，组织。组织指将记忆的内容分组或形成有意义的类别，其功能在于使每项信息和其他信息联系在一起，从而加强记忆的效果。

第三，精细加工。精细加工是指对识记项目增加细节内容，或者将识记项目与有意义的内容建立尽可能多的联系。

以上三种记忆类型对于青少年而言都具有重要的影响，在提升记忆力的过程中要合理使用这三种策略，逐步提升自己的记忆力水平。

②青少年使用记忆策略的特征

青少年使用记忆策略的特征主要体现在以下两个方面：

第一，复述策略的应用增加。通常情况下，年幼儿童的记忆效率不如年龄较大的儿童，随着年龄的增长，策略使用的外部行为逐渐消失。有研究发现，10 岁时，部分被测试者不出声，但可以观察到明显的唇部动作。16 岁以后的被测试者的策略已经不能够从外显行为中观察到了，但通过访谈可以发现他们使用的策略。

第二，运用记忆策略的变化性。青少年的记忆策略会随着年龄的增长而不断变化，这是一个明显的特征和规律。具体而言，这些变化体现在以下两个方面：一方面，高级的策略形式开始替代原始策略；另一方面，策略的高级形式与简单策略是相互共存、共同发展的。

4. 青少年创造力的发展

(1) 创造力发展的影响因素

①生理因素

神经系统是人体发展的重要因素，其发展对青少年创造力的发展具有直接的影响。具体来说，就是人体神经系统中神经元的构造和功能对创造力水平的高低产生重要影响。

②年龄因素

青少年在年龄不断增长的条件下，创造力也会不断提高，这是心理和智力发育的一个重要表现。在幼儿阶段，儿童就出现了创造力的萌芽，小学阶段愈加明显，发展到青少年阶段，他们的创造力更加深刻而具体，表现出现实性、主动性和有意性的特点。但需要注意的是，创造力并不会一直随着年龄的增长而发展，而是发展到一定程度后就会逐步放缓并开始逐渐减弱。这是个体发育的一个基本规律。

③知识因素

知识可以说是青少年创造力发展和提高的重要前提，青少年一定要在学校中学习和掌握扎实而丰富的文化课知识。因为知识结构的欠缺会在很大程度上影响人的创造力的发展。但需要注意的是，具有丰富的知识并不意味着具有较强的创造力，只有学会灵活运用知识才能有利于创造力的发展和提高。

④动机因素

青少年创造力的发展和提高还需要有一定的动机，这样才能激发青少年进行创造的欲望。一般来说，动机主要有内部动机和外部动机两种，相关研究表明，人的内部动机更有利于创造力的发挥和发展。因此一定要想方设法地激发青少年的内部动机，促使其积极主动地培养和提升自己的创造力。

⑤环境因素

第一，家庭环境。家庭环境因素主要包括父母的知识结构、父母的教养方式、家庭气氛、家庭成员的榜样等多个方面。

第二，学校环境。学校环境也是影响青少年创造力发展的一个非常重要的因素。学校教育环境因素主要包括教师的态度、课堂气氛、课程设置、教学模式、教学方法等多个方面。其中，最核心的因素就是教师，其他因素主要起辅助作用。

第三，社会文化环境。大量的实践与事实表明，在和谐开放的社会文化环境中，青少年的创造力能得到很好的培养与发展；而在强制、封闭的社会条件下，青少年的创造力就显得非常匮乏，难以获得大的发展。

（2）青少年创造力的发展特点

具体而言，青少年创造力的发展主要表现在以下几个方面。

①创造性思维结构逐渐完整

随着年龄的不断增长，青少年的创造性思维能力获得了较大的提升，这主要体现在以下三个方面：

第一，聚合思维和发散思维协同发展，其中主要以发散思维为主。

第二，发散思维呈现出显著的流畅性、变通性和独特性特点。

第三，抽象逻辑思维愈加成熟，辩证思维开始获得发展。

②创造力呈现现实性和主动性的特点

第一，青少年的创造力具有一定的现实性，他们的创造力、想象力和思维大多是在面临困难和挫折的情况下被激发的，努力进行创造的主要目的就是解决这些困难。

第二，青少年的创造力具有一定的主动性和有意性。青少年在面对困难和挫折时，一般情况下能积极主动地寻求解决的策略，能靠自己的能力克服困难。

③创新意识不断发展和提高

伴随着年龄的不断增长，青少年的创新意识更加高涨，创造能力也逐步提高。通常情况下，青少年热情奔放，充满对新世界、新事物的好奇，不畏艰难，他们的思维敏捷而灵活，充满了探索的欲望，这种创新意识与能力的提高对于青少年创造力的发展具有重要的意义。

（二）青少年心理健康的标准

1. 身心感觉良好

青少年健康发展主要表现在身体健康和心理健康两个方面。在心理健康方面，主要表现为精力旺盛、身心愉悦、心理满足等方面。现代社会竞争异常激烈，对于学生而言，他们面临着一定的学业压力，在日常生活和学习中不可避免地会出现一些负面情绪。那些自我心理感觉较差的人，通常在心理上多少存在一些问题；而自我身心感觉良好的人则精神饱满，能正确地面对和处理学习和生活中出现的各种问题。

2. 智力表现正常

智力是人的一项重要能力，智力水平如何将在很大程度上影响青少年的健康发展。但需要注意的是，仅仅依靠智力，人是无法取得成功的，青少年不仅要具备智力，还要付出巨大的努力，这样才有可能取得成功。另外，人的智力还会受到一些非智力因素的影响，需要引起重视。

3. 情绪积极、稳定、协调

一般来说，人们对周围发生的事情或新鲜的事物都会产生一定的情绪反应，这些情绪反应有时存在着较大的差别，如喜、怒、哀、乐等。有时候人的表现是积极乐观的，有时候又是犹豫的，有时还会出现惊慌失措、急中生智等应激反应。正因为这样，人们才拥有了丰富多彩的生活，在生活中获得了丰富的情感体验。

人的情绪有积极情绪和消极情绪两种，一个心理健康的人通常表现出积极的情绪，如愉快、满意、乐观等；而在出现一些心理问题时，人通常就会表现出忧、愁、悲等消极情绪。对于具有良好心理素质的青少年而言，要合理地控制自己的情绪，以积极乐观的心态看待这个世界和发生的事情。青少年在平时的生活和学习中，如果出现了消极的情绪和不良的情感，就需要找出症结所在，及时调整自己的情绪，让自己回到正常轨道上。

4. 自我意识健康

青少年具有强烈的自我意识，这是由其年龄特征及发展规律决定的，作为一名心理健全的青少年要做到以下几点：

第一，能充分认识到自己的机体状态和行为表现，了解自己的气质和能力。

第二，能充分了解自己的学业成就与志向水平是否切合。

第三，尊重自己、悦纳自己和关心自己，时刻充满着自信。

第四，能正确认识自己的优点和缺点，能自己处理各种困难和问题。

5. 人际关系良好

拥有一个良好的人际关系对于青少年的心理健康以及自身的未来发展都具有重要的意义。青少年要在平时的学习和生活中注意提高自己与人交往的能力。

第一，青少年要乐于同人交往，提高与人沟通与交流的能力。

第二，不断提高自己，悦纳别人，取人之长，充实与完善自己。

第三，树立正确的世界观、人生观和价值观，建立正确的学习动机。

第四，富有同情心，友爱尊重他人，信任他人。

第五，努力培养和增强自己的团队合作意识，形成团结协作的集体主义精神。

第六，独立思考问题，能听取他人的意见和建议。

第七，与异性交往时保持热情和理智，加强沟通与交流。

（三）青少年心理素质培育的原则

1. 差异性原则

由于每一名青少年都是不同的，都有自己的个性和特点，因此心理素质的培育要遵循青少年的个性特点和需求，严格遵循差异性的原则对其进行培养，这样才能有效提升青少年的心理健康水平。具体而言，就是在平时的教学活动中，要以学生心理发展特点和规律为依据制订心理健康教育方案，实施有差别的教育。

2. 主体性原则

主体性原则也就是以人为本原则，这一原则要求体育教师在教学过程中要善于激发学生学习的积极性，提高学生学习的兴趣，加强师生彼此间的沟通与交流，满足学生的各种心理需求，培养和增强学生的心理健康意识，这样才有利于实现心理健康教育的目标。

3. 系统性原则

青少年的心理健康教育不是可有可无的，也不是一件简单的事情，它是一项大的系统工程，在学校教育中扮演着十分重要的角色。要想实现青少年心理健康教育的目标，教师和学生要密切配合，更新教育观念，优化心理健康教育的环境，建立一个健全合理的育人体制。总之，在心理健康教育的过程中要严格遵循系统性的基本原则，促进学生心理健康水平的提高。

4. 目标性原则

心理健康教育是学校教育的一项重要内容，加强青少年的心理健康教育是尤为必要的。只有具备健全心理的青少年才能获得健康全面的发展。一般来说，青少年的心理健康教育主要包括世界观、人生观与价值观教育、人格培养、意志力培养等多方面的内容。

第二节　青少年体质健康促进的体育锻炼实践

一、改善青少年形体的体育锻炼实践

大量的实践与事实表明，健美操具有良好的健身价值，经常参加健美操锻炼能有效改善人的形体。下面就主要以《全国健美操大众锻炼标准》中的一级套路为例，阐述健美操基本的动作及方法，以帮助青少年发展自己的形体。

（一）健美操套路练习——组合一

1. 第一个八拍

预备姿势：站立。

1～8 拍：

下肢步伐：右脚开始一字步 2 次。

上肢动作：1～2 拍双臂胸前屈，3～4 拍后摆，5 拍胸前屈，6 拍上举，7 拍胸前屈，8 拍放于体侧。

2. 第二个八拍

1～4 拍：

下肢步伐：右脚开始向前走 3 步吸腿。

上肢动作：1～3 拍双肩经前举后摆至肩侧屈，4 拍击掌。

5～8 拍：

下肢步伐：左脚开始向后退 3 步吸腿。

上肢动作：手臂同 1～4 拍。

3. 第三个八拍

1～4 拍：

下肢步伐：右脚开始侧并步 2 次。

上肢动作：1 拍右臂肩侧屈，2 拍还原，3 拍左臂肩侧屈，4 拍还原。

5～8 拍：

下肢步伐：右脚开始连续侧并步 2 次。

上肢动作：5 拍双臂胸前平屈，6 拍还原，7～8 拍同 5～6 拍动作。

4. 第四个八拍

1～4 拍：

下肢步伐：左脚十字步。

上肢动作：自然摆动。

5～8 拍：

下肢步伐：左脚开始踏步 4 次。

上肢动作：5 拍击掌，6 拍还原，7～8 拍同 5～6 拍动作。

第五至八个八拍，动作相同，但方向相反。

（二）健美操套路练习——组合二

1. 第一个八拍

1～8 拍：

下肢步伐：右脚开始前点地 4 次。

上肢动作：1 拍双臂屈臂右摆，2 拍还原，3 拍双臂屈臂左摆，4 拍还原，5 拍右臂摆至侧上举，左臂胸前平屈，6 拍还原，7～8 拍同 5～6 拍动作，但方向相反。

2. 第二个八拍

1～4 拍：

下肢步伐：右脚开始向右弧形走 270°。

上肢动作：自然摆动。

5～8 拍：

下肢步伐：并腿半蹲 2 次。

上肢动作：5 拍双臂前举，6 拍右臂胸前平屈（上体右转），7 拍双臂前举，8 拍放于体侧。

3. 第三个八拍

1～8 拍：

下肢步伐：1～4 拍左脚上步吸腿右转转体 90°，5～8 拍右脚上步吸腿。

上肢动作：1 拍双臂前举，2 拍屈臂后拉，3 拍双臂前举，4 拍还原，5～8 拍同 1～4 拍动作。

4. 第四个八拍

1～8 拍：

下肢步伐：左脚开始向侧迈步后屈腿 4 次。

上肢动作：屈肘前后摆动。

第五至八个八拍，动作相同，但方向相反。

(三) 健美操套路练习——组合三

1. 第一个八拍

1～4 拍：

下肢步伐：右脚向右交叉步。

上肢动作：1～3 拍双臂经侧至上举，4 拍胸前平屈。

5～8 拍：

下肢步伐：左脚向右迈步成分腿半蹲。

上肢动作：5～6 拍双臂前举，7～8 拍放于体侧。

2．第二个八拍

1～4 拍：

下肢步伐：右脚开始侧点地 2 次。

上肢动作：1 拍右臂左前举、左臂屈肘于腰间，2 拍双臂屈肘于腰间，3～4 拍同 1～2 拍动作，但方向相反。

5～8 拍：

下肢步伐：右脚连续 2 次侧点地。

上肢动作：5～8 拍同 1～2 拍动作，重复 2 次。

3．第三个八拍

1～8 拍：

下肢步伐：左脚开始向前走 3 步接吸腿 3 次。

上肢动作：1 拍双臂肩侧屈外展，2 拍胸前交叉，3 拍同 1 拍动作，4 拍击掌，5 拍双臂肩侧屈外展，6 拍腿下击掌，7～8 拍同 3～4 拍动作。

4．第四个八拍

1～8 拍：

下肢步伐：右脚开始向后走 3 步接吸腿 3 次。

上肢动作：同第三个八拍。

第五至八个八拍，动作相同，但方向相反。

（四）健美操套路练习——组合四

1．第一个八拍

1～8 拍：

下肢步伐：1～4 拍右腿开始 V 字步，5～8 拍 A 字步。

上肢动作：1 拍右臂侧上举，2 拍双臂侧上举，3～4 拍击掌 3 次，

5 拍右臂侧下举，6 拍双臂侧下举，7～8 拍击掌 2 次。

2. 第二个八拍

1～4 拍：

下肢步伐：右腿开始弹踢腿跳 2 次。

上肢动作：1 拍双臂前举，2 拍下摆，3～4 拍同 1～2 拍动作。

5～8 拍：

下肢步伐：右脚连续弹踢 2 次。

上肢动作：5 拍双臂前举，6 拍胸前平屈，7 拍同 5 拍动作，8 拍还原体侧。

3. 第三个八拍

1～8 拍：

下肢步伐：左腿漫步 2 次。

上肢动作：双臂自然摆动。

4. 第四个八拍

1～8 拍：

下肢步伐：左腿开始迈步后点地 4 次。

上肢动作：1～2 拍右臂经肩侧屈至左下举，3～4 拍同 1～2 拍动作，但方向相反，5～6 拍经侧下举至左下举，7～8 拍同 5～6 拍动作，但方向相反。

第五至八个八拍，动作相同，但方向相反。

(五) 练习时的注意事项

①参加健美操运动前应进行全面的身体检查，重点检查心血管系统的机能，要严格把关。

②根据季节的变化和练习环境的温度适当着装，选择弹性好具有一定柔软性的鞋袜，这样能起到一定的保护作用。

③尽量选择空间广、空气流通好的运动场所。选择的器材要规范，质量要合格。

④注意运动强度的合理安排，以免发生过度疲劳的现象。

⑤运动结束后做必要的整理活动，除了补充水分外，还要补充一些高能量、低脂肪、高蛋白的食物。

二、提高青少年反应力的体育锻炼实践

提高青少年反应能力的运动项目有很多，青少年可以根据自己的喜好进行选择，受篇幅所限，下面主要阐述垒球、拔河和武术这三种能有效提高青少年反应力的运动项目的锻炼方法。

（一）垒球锻炼

1. 握球

食指、中指分开，把球放在指根部，两指与球线垂直相交握在球上方，指端压在球缝线上。

拇指放在球的侧下部，第一指关节压在球缝线上。拇指、食指、中指的握点看起来是一个等腰三角形的形状。

无名指与小指自然弯曲放在球侧，虎口与球之间要有空隙。需要注意的是，握球时要注意力度，要以球不掉下去为准。不要把球握得太紧。

2. 传球

两脚与肩同宽，分开而立，稍屈膝，双手于体前持球，身体与目标方向正对，目视传球方向。

传球时，身体以右脚为轴向右转，左肩与传球方向相对，两臂一前一后，右手持球，掌心向下，同时左脚踏向传球方向。

身体重心放在左脚，左臂屈肘放在胸前，右臂经体侧向上摆到右后方，上下臂垂直，上提肘关节，高于肩，腕关节后屈，高于右耳的水平高度。

转肩、顶肘，用力甩臂扣腕，在身体前上方将球鞭打传出。

右臂继续随摆，上体下压，伸踏腿支撑重心，目视传球目标。

3. 接球

（1）接平直球

身体与来球方向正对，两脚以与肩同宽的距离左右分开而立，微屈膝，上体前倾，重心稍下降、前移，稍屈肘并下垂，合手将手套放在胸前高度，手指向上，目视来球，稍微提起脚跟做好移动准备。面对不同高度和方向的来球，接球时有所区别。

①来球偏右，接球时两臂旋内向右前方伸出，手指朝右与来球相对。

②来球偏左，接球时两臂向左前方伸出，同时手指朝左，掌心向前与来球相对。

③高于腰部的来球用戴手套的掌心去接。

④低于腰部的来球，手指朝下，掌心向前去接。

（2）接腾空球

①与来球方向相对，左脚在前，右脚在后，距离略宽于肩，微屈膝，上体前倾，两臂在膝关节保持放松，目视来球，做好移动接球的准备。

②观察来球的路线，对其落点进行预测，随后移动到位面对来球，屈肘，向上举起手臂，高于额头，掌心向前。

③来球靠近时，主动伸臂迎球，在右上方接球，接球后两臂后引缓冲，为下一个传球做好充分的准备。

（3）接地滚球

①身体与来球方向相对，两脚以稍宽于肩的距离左右分开而立，屈膝下蹲，上体向前倾，两脚前脚掌支撑身体重量，两臂在膝关节前放松下垂，目视来球。

②观察来球的路线，准确判断球的落点，随后移动到位面对来球。

③双手靠拢伸向前方，手套张开贴地，手指向下与来球相对。在球刚从地面弹起的瞬间，在体前距离两脚连线中心 30 厘米的位置去接球。

④双手护球稍后引，垫步，调整身体姿势，准备传球。

4. 击球

以触击球为例，投手投球离手前的刹那，击球员的身体迅速转向前导臂一侧，同时右手沿棒快速向中部上移，拇指在上，其余四指在下，用虎口将棒握住，左手在体前控制球棒，棒头比棒尾稍高，身体与投手正对，身心重心向下移，上体稍向前倾，成触击的触发准备姿势。

投手投出球后，击球员判断来球轨迹，及时移动到位，调整身体姿势，将球棒中部与来球对准。球靠近时，双手轻推球棒向本垒板前击球，然后双臂后收缓冲，跑向一垒方向。

需要注意的是，触击球的方向和路线以场上跑垒员、出局人数等实际情况为依据而定。

5. 跑垒与滑垒

（1）跑垒

进攻队员主要是通过击球取得上垒，然后在队员的配合下发挥主观能动性从场上各垒通过最后回到本垒的进攻活动就是跑垒。

整个跑垒的过程主要由离垒和返垒、起动和冲跑、踏垒和停在垒上三个环节组成。跑垒技术非常关键，青少年要认真学习。

（2）滑垒

跑垒员在接近垒位时，突然扑向前或向后倒成侧卧姿势，借惯性向垒位滑进并停在垒上的进攻行动就是滑垒。

滑垒属于进垒的一种方式，在高速奔跑中，跑垒中的进攻者为顺利踏垒和停在垒上，避免被大面积触杀而采取该方法，这能在一定程度上帮助参与者取得更好的比赛成绩。

（二）拔河锻炼

拔河在我国的民间非常流行，这一运动趣味性比较浓厚，能很好地锻炼人的反应能力，比较适合青少年参与。拔河的形式有很多，主要有两人对抗、多人对抗等形式。下面主要介绍拔河运动基本技术方法。

1. 基本站位

两脚一前一后分开，前腿伸直，膝盖不要弯曲，脚掌内扣，后腿膝盖弯曲，上体向后仰，身体约与地面保持60°的夹角，双手紧紧握住绳子，目视前方。

2. 握绳方法

前臂要伸宜，肘部不要弯曲，后臂肘部弯曲，双手紧握绳子放在后臂腋下夹住，使绳子与身体贴在一起。

3. 用力方法

听口令与指挥，全体队员一起发力，前脚向前下方用力蹬，后脚伺机后移发力，两手握绳集中发力，重心要低，上体后倾，保持稳定，不要晃。

(三) 武术锻炼

1. 基本手形

(1) 拳

除拇指外，其余四指并拢蜷握，拇指与食指第二指节紧贴。拳分平拳和立拳，前者是拳心朝上或朝下；后者是拳眼朝上或朝下。

(2) 掌

以柳叶掌为例。除拇指外其余四指并拢伸直，拇指弯曲紧扣于虎口。

(3) 勾

手腕弯曲，五指指尖捏拢。勾手根据勾尖朝向分为正勾（勾尖向下）和反勾（勾尖向上）。

2. 基本腿法

(1) 踢腿

正踢腿：两脚并立，两臂侧平举，双手立掌。左脚向前移动半步，重心落在左腿，右腿向前额猛踢，脚尖勾起，目视前方。

侧踢腿：两脚并立，两臂侧平举，双手立掌。右脚向前移半步，脚尖外展，上体向右转90°。左臂伸向左前方，右臂举到身后。随即左腿踢向左耳侧，脚尖勾紧。右臂举过头顶成亮掌，左臂屈于胸前，左手于右肩前立掌。目视正前方。

（2）劈腿

竖叉：两腿前后直线式分开，两臂侧平举。左脚脚尖朝上，右脚脚内侧着地。挺胸立腰。

横叉：两腿左右直线式分开，两臂侧平举，脚尖向上翘。挺胸立腰。

（3）压腿

正压腿：面向肋木，两脚并立，左腿上抬，脚跟落在肋木上，勾脚尖，双手按在膝关节处。上体前屈，向前、向下压振。

侧压腿：侧对肋木，右腿蹬直，左腿举起，脚跟搭在肋木上。右臂尽可能上举，左掌放在右胸前。上体向左压振，使头部尽量靠近左踝。

（4）扳腿

正扳腿：右腿蹬直，左腿屈膝提起，右手握住左脚踝外侧，左手置于左膝处，然后右手握住左脚向上扳，左腿用力向前上方举，左手压住左腿膝关节。

后扳腿：手扶肋木，左腿蹬地支撑重心，右腿向后举，由同伴用力向上扳。

（5）后扫腿

两脚并立，左脚向前跨一步，左腿屈膝下蹲，右膝伸直。两掌从体侧向前平推，目视手掌。左膝继续弯曲，身体全蹲，上体向右转，向前俯身，两掌同时下移落到右腿内侧。随着两臂下移和身体转动，右脚紧贴地向后扫转一圈。

三、不同季节体育锻炼的安排

（一）春季体育锻炼

在春季，一般情况下，人体各器官功能水平都比较低下，肌肉和韧带都比较僵硬，这是因为人们在冬季缺乏充足的体育锻炼的缘故。青少年在春季参加体育锻炼时，要尽可能地选择那些能加速人体新陈代谢的运动项目，这样能有效地促进人体各器官机能水平的恢复。除此之外，还可以选择一些以有氧代谢供能为主的运动项目。青少年要依据自身的特点及身体发展规律合理安排运动负荷，这样才能保证体育锻炼的科学性和有效性。另外，在春季参加体育锻炼尤其要注意做好运动前的准备活动和运动后的整理活动，以避免运动损伤。

（二）夏季体育锻炼

夏季天气炎热且多雨，在参加体育锻炼的过程中，人体会消耗大量的水分，运动机体也会感到不适，受此影响，很多学生很少参加体育锻炼。但要想提升自身的体质水平，青少年要努力克服这些困难，结合自身实际情况合理安排锻炼的方法，运动时间和运动负荷等。同时，要选择那些富有趣味性且具有较大锻炼价值的运动项目，如羽毛球、乒乓球、网球等。另外，锻炼的时间尽可能选择在早晚气温相对较低的时间，以免发生中暑，在参加锻炼的过程中要及时补充水分。

（三）秋季体育锻炼

秋季可以说是一个最适合参加体育锻炼的季节，这一季节气候温度都非常适宜，因此，青少年参加体育锻炼的积极性和兴趣都较高。青少年可以根据自己的兴趣和爱好选择适合自己的运动项目。一般来说，球类运动、健身跑、骑自行车等都可以成为青少年的选择。

通常来说，秋季早晚温度相对较低，昼夜温差较大，因此青少年一定要注意适当地增减衣物，避免感冒。除此之外，秋季天气相对干燥，参加体育锻炼一定要注意补充水分，以满足机体参与运动的需要。

（四）冬季体育锻炼

在冬季，只要不是特别寒冷的天气，青少年还是十分愿意参加各项体育活动的。冬游、滑冰、滑雪等都是深受青少年喜爱的运动项目。

需要注意的是，在冬季气温较低的情况下参加体育锻炼，如果不注意保暖就容易导致肌肉组织受伤。因此，青少年要做好必要的防护工作，除了选择适当的衣物外，还要注意体育锻炼中呼吸的方式，采用鼻吸口呼的方式或口鼻同时呼吸的方式能有效避免呼吸道感染，有利于体育锻炼的顺利进行。

四、不同体质青少年的体育锻炼安排

每个人的体质是不同的，概括来说，青少年的体质类型主要有健康型、一般型、体弱型、消瘦型和肥胖型等。针对不同的体质类型要安排不同的锻炼方案，这样才能有效地提高青少年体育锻炼的效果。

（一）健康型人群的体育锻炼安排

健康型青少年的特点是身体健壮，对参加体育锻炼充满了欲望，且在体育锻炼的过程中能承受较大的运动负荷。这一类型的青少年可以结合自身实际选择一至两项运动项目作为重要的锻炼手段。在具体的锻炼过程中，可以采用循环法、重复法等多种锻炼方法，以有效提升自身的身体素质。

（二）一般型人群的体育锻炼安排

一般型体质的青少年比较常见，在青少年群体中占据着较大的比例。这一类型的青少年身体素质一般，但也没有什么疾病。正因如此，他们中的大部分人都认为自己不需要参加体育锻炼。这种观念是不对的。在平时的生活和学习中，教师应该将终身体育理念贯穿于教学之中，让青少年彻底地理解终身体育锻炼的重要性，认识到体育锻炼是伴随人的一生的。只有树立正确的锻炼意识与观念，青少年才能积极主动地参与体育锻炼。另外，在安排体育锻炼项目时，要尽可能地选择那些趣味性较强的运动项目，以激发青少年参与锻炼的兴趣和积极性。

（三）体弱型人群的体育锻炼安排

体弱型的青少年一般身体都非常虚弱，经常生病。而大量的实践与事实表明，经常参加体育锻炼能有效增强体质、战胜疾病。对于体质较弱的青少年而言，在选择运动项目时一定要结合个人的实际情况合理地选择，尽可能地选择那些运动强度不大、运动量可大可小的运动项目，如慢跑、太极拳、健身操等。

（四）消瘦型人群的体育锻炼安排

消瘦型是指体重低于正常标准，身材看上去偏瘦的青少年，总体来看，具有消瘦体型的青少年还是占据着一定的比例的。这一部分青少年要想改善自己的形体，使自己的身体更加强壮实，就需要制订一个科学的锻炼计划，选择合理的锻炼方式与手段。游泳、骑自行车对于消瘦型青少年来说是比较好的运动项目，经常参加这些项目的锻炼，体型能得到很好的改善。需要注意的是，青少年体型的改善并不是短时间内就能实现的，需要经历一个长期的过程，只有循序渐进、持之以恒地进行锻炼才能实现预期的效果。

（五）肥胖型人群的体育锻炼安排

当今社会患有肥胖症的人越来越多，这在青少年中也是比较常见的。青少年要想减轻体重，改善自己的形体，就需要进行科学的体育锻炼。青少年可以根据自己的特点和实际需求选择一些有氧运动或者有氧无氧混合运动，如游泳、跑步、骑自行车等。

第六章

青少年体育锻炼的运动处方

第一节　运动处方的基础理论

一、运动处方

（一）运动处方的概念

1. 运动处方的定义

通俗地讲，处方是指医师给病人开的药方。处方最显著的特点就是针对性，不同的病或同一种病因程度不一样，当然不能使用同一处方。同样，要科学锻炼身体，提高自身的健康水平，预防或治疗疾病，必须要有针对性的运动处方，这样才能“对症下药”，达到预期效果。

体育运动处方，是指对从事体育锻炼的人（含病人），由康复医师、体育教师、社会体育指导员，根据医学检查资料，包括运动试验及体能测试，按其年龄、性别、健康状况、身体素质、心血管功能状况，结合生活环境和运动爱好或训练条件等主、客观条件，用处方的形式制定适合身体练习者的运动内容、运动量、运动时间及频率，并指出运动中的注意事项等，以达到健身和康复身体的目的。运动处方就是在身体检测的基础上，根据锻炼者身体要求，按科学健身的原则，为锻炼者提供的量化指导方案。简言之，就是以处方形式规定运动参加者的练习内容、运动负荷，指导人们有目的、有计划、科学地锻炼身体。

2. 运动处方的优越性

运动处方是根据参加体育锻炼者的身心健康及身体指标制定出具有针对性、全面性、实用性的运动种类，参考锻炼者的年龄、性别、工作性质、兴趣爱好等以处方的形式来制定运动内容、运动频度、运动时间、运动强度等。相应地说明在运动过程中应注意的事项。

大量的实践与研究证实体育锻炼是一把“双刃剑”，参加科学的体育锻炼能有效地增强个人的身体素质、心理健康、兴趣爱好，反之则会对身心健康产生不良影响。在大量的实践中人们渐渐了解到这点，体育锻炼逐渐开始倾向于安全性、全面性、针对性、有效性等。而健身运动处方的制定与实施正是针对锻炼者的身体状况、兴趣爱好等，为参加者制定科学的运动处方。按照科学的运动处方进行有效的体育锻炼，既能保障锻炼者的身心安全，又能有针对性地达到健身的效果。归纳起来，采用运动处方进行锻炼有以下几方面的优越性：

一是有效实用，主要是指运动处方在训练时产生的效果。每个人的身体素质都有差异性，要根据自身的身体状况和健康水平，确定锻炼强度和训练时间，这样经过几个月就能看出自身锻炼的效果。

二是有针对性、安全性。运动处方的制定与实施要有一定的针对性和安全性，参加运动处方锻炼的人员要切实认真地进行锻炼，根据自身在体育锻炼中出现的状况，科学地对运动处方的练习内容、方法、时间、强度、频度等加以修改。避免在体育锻炼中出现运动伤害。

三是有目的性。制定运动处方要有目的性，如以锻炼身体增强身体素质为目的、以健美瘦身为目的、以预防治疗疾病为目的等，参加锻炼人员要明确自身的需求和目的，这样在体育锻炼当中才能取得良好的效果。

四是有趣味性。体育锻炼是一项非常枯燥的项目，要根据锻炼者的兴趣爱好编排制定运动处方项目，这样才能使锻炼者持久地锻炼。

结合参加锻炼的人员所从事的工作、生活环境、兴趣爱好等，科学地制定运动内容、运动方法，有目的、有计划地更改训练内容及方法，可使运动处方达到增强身体素质和预防疾病的效果。运动处方以健康人为锻炼对象，为其安排适宜的运动内容、强度、时间等，由此来增强受训者的身体健康，促进受训者的身心全面发展，其根本目的是提高受训者的身体健康水平。运动处方具有很强的科学依据和实践分析，能更好地使受训者学会自我评价、自我检测等对自身进行不断的优化。

（二）运动处方与药物处方的区别

运动处方与药物处方的不同在于：一是目的不同，运动处方是用来提高身体机能、促进健康或防治疾病，医药处方是为了治疗疾病；二是使用终点不同，运动处方在人的一生都可以发挥重要作用，而医药处方在病人痊愈后立即停止使用。按照运动处方进行科学的锻炼，既安全可靠，又有计划性，可以在短期内达到强身健体和疾病康复治疗的双重目的。

二、运动处方的分类

随着运动处方的不断完善，对“不同的身体状况、不同的锻炼目的应采取不同的锻炼方法”的要求更加严格，尤其是那些身体患有疾病的人，必须严格地按照运动处方进行体育医疗。按照不同的标准将运动处方进行分类，有助于我们认识运动处方的特点，更有效地发挥它的作用。

(一) 按目的分类

1. 健身运动处方

身体健康的人进行运动处方锻炼是以增强体质和提高健康水平为目的的。

2. 竞技运动处方

竞技运动处方是针对从事专项运动的人员，以增强其身体素质和提高运动技能水平为目的而制定的运动处方。可根据发展某项身体素质将竞技运动处方分为力量性运动处方、耐力性运动处方、速度性运动处方、灵敏协调性运动处方等；也可根据训练计划将竞技运动处方分为周期性训练处方、周训练处方、课训练处方等。

3. 康复治疗运动处方

用于慢性病患者和残疾者，以辅助治疗疾病、提高康复医疗效果为目的。用于某些疾病或损伤的治疗和康复，它使医疗体育更加定量化、个别对待化。如肥胖症运动处方、高血压运动处方、糖尿病运动处方、冠心病运动处方、癌症运动处方等。

（二）按构成体质的要素分类

1. 改善身体形态的运动处方

身体形态主要通过身高、体重、坐高、胸围、腰围、臀围和皮褶厚度等指标反映。可以制定相应的运动处方，通过锻炼使身体形态得到改善，如增加身高运动处方、控制体重运动处方、改善胸围运动处方等。

2. 增强身体机能的运动处方

身体机能是人体各器官、系统及整体所表现出来的生命活动现象。制定相应的运动处方，能增强各器官、系统的功能，提高健康水平。如增强心血管功能运动处方、增强肺功能运动处方、促进消化功能运动处方等。

3. 增强身体素质的运动处方

人体肌肉活动中所表现出来的力量、速度、耐力、灵敏度及柔韧性等能力统称为身体素质，它是人体为适应环境变化所储存的身体能力要素。为增强身体素质制定的运动处方，有增强力量素质运动处方、增强速度素质运动处方、提高耐力素质运动处方、发展灵敏性素质运动处方等。

4. 调节心理状态的运动处方

健康的心理可以维持人的正常情绪，保持人的正常生理功能，以适应内外环境的各种刺激。可以制定有关的健心运动处方，通过锻炼增进心理健康，如培养意志品质运动处方、增进健康情感运动处方等。

5. 提高适应能力的运动处方

适应，是指与周围环境间的关系发生较大变化时人体采取的一系列被动性与主动性调整，这些调整大部分属于保护性反应。通过提高适应能力运动处方的锻炼，可以提高人体对内外环境各种变化的适应能力，增强对疾病和有害生物因素的抵抗能力，以及提高对各种社会心理性紧张刺激的应激能力。

（三）按照锻炼的器官系统分类

1. 心血管系统的运动处方

以提高心血管系统功能为主，用于各种心血管疾病的治疗、康复和预防，如冠心病、高血压等。

2. 呼吸系统的运动处方

改善和提高呼吸系统功能，以预防和治疗各种呼吸系统疾病，如哮喘、肺结核、气管炎等。

3. 神经系统的运动处方

改善和提高神经系统功能，以预防和治疗各种神经系统疾病，如改善睡眠的运动处方、预防和治疗神经衰弱症的运动处方等。

4. 消化系统的运动处方

改善和提高消化、吸收功能，以预防和治疗各种消化系统疾病，如治疗消化不良的运动处方等。

5. 运动系统的运动处方

以改善和提高运动系统的功能为主，预防和治疗运动系统疾病，如治疗肩周炎的运动处方、预防关节炎的运动处方等。

(四) 按实施运动处方的环境分类

1. 社区运动处方

社区健身是以基本社区为区域范围，以辖区的自然环境和体育设施为物质基础，以全体社区成员为主体，以满足社区成员的体育需求、增进社区感情为主要目的，就地、就近开展的区域性体育活动。针对社区健身特点制定的运动处方，称为社区健身运动处方。由于社区健身活动的内容极其丰富，形式多种多样，所以制定社区健身运动处方要综合考虑社区各类人群的年龄、身体状况以及社区内场地和器材的使用等各种情况。社区健身运动处方的应用推广，可使社区健身成为扩大我国体育人口、增强国民体质、实施全民健身计划的重要途径。

2. 健身房健身运动处方

利用健身房的条件制定的运动处方称为健身房健身运动处方。健身房运动处方包含各种徒手练习、健身操和运动器械练习等。

3. 家庭健身运动处方

家庭健身是以家庭成员为主要参与者，以自己的住处为环境进行的一些健身练习。针对家庭健身而制定的运动处方称为家庭健身运动处方。家庭健身运动处方要充分利用家庭环境条件，结合家庭成员的年龄、性别特点来制定。

4. 学校健身运动处方

学校健身是以学校的体育设施为物质基础，以全体学生为主体，开展区域性体育活动。利用学校健身条件和环境制定的运动处方称为学校健身运动处方。学校健身运动处方的内容应依据学生生理、心理和年龄的特点，针对学生存在的问题，根据学校的场地、器材及地理环境等条件制定。

运动处方的分类并不是绝对的，各种分类也互有交叉，如按实施运动处方的环境可分为社区健身运动处方、健身房健身运动处方、家庭健身运动处方和学校健身运动处方。而任何年龄段的运动处方又可以按照构成体质的基本要素分为改善身体机能的运动处方、增强身体素质的运动处方等。不同的运动处方的分类研究角度不尽相同，侧重点也各不相同，在具体使用过程中，应根据研究或应用的目的、条件、需要和能力来选择合适的分类标准。

第二节　运动处方的制定

一、制定运动处方的基本原则

采用任何形式的体育运动来促进身心健康、预防疾病、提高身体素质等，都必须遵循人体活动的生理规律，同时也要符合个人的心理特点。只有所设计的运动内容、强度、时间符合身体特点和锻炼重点的要求，才能取得良好的锻炼效果。在设计制定和实施运动处方时要遵循以下几条基本原则。

（一）个性化原则

运动处方制定的个体性由其目的性决定，不同的人通过运动所达到的效果是不同的，而每个人的身体条件千差万别，同样的运动项目在不同人身上所产生的反应和适应是不同的，且每个人的身体或客观条件也在经常变化，因此要按运动处方的执行情况，及时调整处方的内容。必须根据每个人的具体情况，因人而异，差别对待。

(二) 循序渐进与可调整原则

在制定运动处方时，要考虑运动者的身体承受能力，过小的运动刺激身体不会产生反应，过大的运动刺激又会使身体产生不适应或不良反应。开始运用运动处方时，不能因运动量较小，完成起来比较轻松，就擅自增加运动量和提高运动频率，使运动负荷增加太快。在负荷未达到足够程度时，这样做可取得一些表面成功，但很快就会因过度疲劳而不得不中途放弃，甚至还会使原来愉悦身心的锻炼变成一种痛苦的负担，对运动产生厌恶感。这就很难将其变成一种终身需要的健身活动。正确的方法是，以“最佳运动强度”为依据，循序渐进增加负荷，使运动强度既产生足够刺激，又力所能及。

即便是被公认的运动处方，应用于多数人时，也有可能有的人适应，有的人不适应。有些用计算机设计出来的所谓科学运动处方，也不一定在各方面都是最适合的处方。对于初定的处方在实行过程中，要进行一次或多次的微调整，使之成为符合锻炼者条件的运动处方。一个安全、有效、愉快的运动处方，不是别人给予的，而是自己制定的。书刊上的运动处方，应看作制定运动处方的指导。

(三) 以全身耐力为基础的原则

在制定运动处方时，体力的差别比性别和年龄的差别更为重要，因此，以体力（全身耐力）情况为基础来制定运动处方才是适宜的。

(四) 安全性与有效性原则

为了提高全身耐力水平，必须达到改善心血管和呼吸功能的有效强度，这就是靶心率范围。运动超过其上限，就可能有危险。身体条件差的人（年老、体弱、成人病者），容许的运动条件受限制多些，制定处方时必须严格规定运动内容；身体条件好的人，自由度大，运动内容规定就不那么严格。例如，高龄者从散步到步行是容许的运动；而强健的壮年者，从跑步到所有的运动都是处方的内容。

（五）体质基础与运动效果的特异性原则

锻炼前体质差的人，从事强度小的运动也能收到显著效果，而锻炼前体质强的人，则要更高的运动强度的刺激才能见效。

运动时身体的生理的适应，因运动种类或方法有所不同，这称为运动效果的特异性。一般认为，运动效果是有特异性的，根据目的而选择适合的运动种类很重要。例如，仅一条腿进行训练时，只在训练的腿出现生理学变化等。想进行增强体力运动的人，自己应知道要用什么方法训练身体的哪个部分，不能盲从指导教师的指示。明确自己锻炼的目的、意义和方法，这是坚持长期锻炼并收到效果的关键。

二、确定运动处方目标的依据

健康体适能的测定结果是制定运动处方锻炼目标的主要依据，同时也是对锻炼参加者进行健康教育、追踪观察锻炼效果的依据。

（一）体适能

体适能是 Physical Fitnes 的中文翻译。世界卫生组织将体适能定义：“身体有足够的活力和精力进行日常锻炼事务，而不会感到疲劳；并且还有足够的精力享受休闲活动和应对突发事件的能力”。我国学者将其定义为：“人体所具备的，有充沛的精力从事日常工作（学习）而不感到疲劳，同时有余力享受康乐休闲活动的乐趣，能够适应突发状况的能力。”体适能是以体适能商的高低来评价的。体适能商是健康体适能和技能体适能的综合反应，体适能商的得分是两者之和，体适能商越高就代表身体机能越好。

健康体适能，是在制定运动处方前应当测定的内容，是确定运动处方锻炼目标的主要依据。

（二）体适能的内容及提高健康体适能的意义

体适能包括“健康体适能”和“技能体适能”。健康体适能包括心肺耐力、肌肉力量和耐力、柔韧性、身体成分。技能体适能包括灵敏、平衡、协调、速度、爆发力和反应时间等，这些要素是从事各种运动的基础，但没有证据表明它们与健康和疾病有直接关系。

1. 心肺耐力

心肺耐力又称有氧耐力，是机体持久工作的基础，被认为是健康体适能中最重要的因素，代表人体心血管系统和呼吸系统摄入、运送、吸收利用氧气，进行新陈代谢，产生能量的能力。良好的心肺耐力的适应能力，是以充沛的精力和能力从事日常活动，防治某些慢性疾病，促进身心健康的基础。

2. 肌肉力量和耐力

肌力是肌肉所能产生的最大力量，肌肉耐力是肌肉持续收缩的能力，是机体正常工作的基础。对一般人来说，身体各肌群的力量应当得到适度的、均衡的发展，同时还需要有能够重复多次，或持续一段时间的耐力，这样才能适应日常生活、工作、休闲活动和满足应对突发事件的需要。

3. 柔韧性

柔韧性，是指在无疼痛的情况下，关节所能活动的最大范围。它对于保持人体运动能力，防止运动损伤有重要意义。良好的柔韧性素质，保证肢体有较大的活动范围，可自如地完成各种动作，提高应对突发事件的能力，并在意外的情况下，预防肌肉拉伤、关节韧带扭伤的发生，或减轻损伤的程度。

4. 身体成分

身体成分，是指身体总体重中的脂肪组织和去脂肪组织（瘦体重）重量的百分比。身体成分中的脂肪成分增加，肌肉成分必然下降。身体中没有收缩功能的脂肪组织较多，进行各种活动的能力下降，基础代谢水平降低，肥胖症、冠心病、高血压、糖尿病、高血脂等慢性疾病发病率增加。身体成分也是健康体适能的重要内容之一。

总之，如果健康体适能中的每一种素质都保持着良好的状态，那么疾病或功能性障碍的发病危险就会大大降低。通过规律性运动及良好的生活行为习惯来提高、保持良好的健康体适能，对于个人整体健康的维护和健康促进有着重要的意义。良好的健康体适能可以使人体有充足的体力来适应日常生活、工作及学习等活动，有精力享受休闲娱乐生活，又有应对突发事件的能力；有助于保持旺盛的精力和良好的精神状态，并获得身心的全面发展；有利于预防疾病，提高生活质量；还可以帮助人们养成良好的、健康的生活方式和习惯。

三、运动处方的制定程序

为确保健身运动的安全性和有效性，制定运动处方时，应该按照一定的程序进行系统检查，获得制定运动处方所必需的全面资料，这样所制定的运动处方才能切实符合个人的身体条件。运动处方的制定程序包括一般调查、临床检查、运动负荷试验及体力测试、制定运动处方、实施运动处方、运动中的医务监督、运动处方的修改与微调等步骤。这个程序除一般的医学检查外，还有为从事运动而进行的运动负荷试验及体力测验，也可统称为运动医学检查，最后再经过运动教育讲座（商谈、咨询）进入运动实施。

（一）一般调查

通过一般调查可了解参加锻炼者或病人的基本状况和运动情况。一般调查包括询问病史及健康状况、了解运动史、了解健身或康复的目的、了解社会环境条件。

1. 询问病史及健康状况

询问病史及健康状况包括既往病史、现有病史、家族史、身高、体重、目前的健康状况、疾病的诊断和治疗情况。

2. 了解运动史

在一般调查中应了解参加锻炼者的运动经历、运动爱好和特长、目前的运动情况（是否经常参加体育锻炼，运动项目，运动量，运动时间，运动中、后的身体反应情况等）、是否发生过运动损伤等。

3. 了解健身或康复的目的

了解参加锻炼者和病人健身或康复的目的、对通过运动来改善健康状况的期望等。

4. 了解社会环境条件

了解参加锻炼者或病人的职业、生活环境、经济、营养等状况，周围能够利用的运动设施，有无指导等。

（二）临床检查

运动处方的临床检查主要包括运动系统的检查、心血管系统的检查、呼吸系统的检查、神经系统的检查等。

检查的目的：对现在的健康状况进行评价；判断能否进行运动、运动负荷试验；是否有潜在性疾病或危险因素，预防事故。总之，医学检查的基本目的在于掌握个人的状况，为制定运动处方提供必要的信息。

1. 运动系统的检查

（1）肌肉力量的检查和评定

肌肉力量的检查方法主要包括手法肌力测试、器械测试、肢体围度的测试等。

①手法肌力测试是最早应用的肌肉力量测试方法。基本方法是：让受试者在适当的肌肉位置做最大的收缩，使关节远端做自下而上的运动，同时由测试者施加助力或阻力，观察其对抗地心引力或阻力的情况。

②器械测试：当肌力达到 3 级以上时，可利用测力计等进行测试。目前使用较多的器械有握力计、捏力计、背力计、手提测力计、专门的等速测力仪器等。

③肢体围度的测试：肌力的大小与肌肉的横断面积有关，当肌肉出现萎缩、肌力下降时，肢体的围度减小，通过测量肢体的围度可间接了解肌肉的状况。采用的指标有上臂围度、前臂围度、大腿围度、小腿围度、髌骨上 5cm 的围度、髌骨上 10cm 的围度等。使用肢体围度指标时须注意肌肉和脂肪的变化可影响肢体围度的大小。

肌肉力量检查的注意事项：测试前要做简单的准备活动，测试的姿势和位置要正确，测试的动作要标准化。避免在运动后、疲劳时或饱餐后测试。心脏病或高血压的患者要慎用肌力测试；有较严重的心血管系统疾病的患者禁用肌力测试；有慢运动性损伤者测试时应小心；有急性运动性损伤者禁用肌力测试；关节活动度受限时，只做等长或短幅等速的测试。

肌肉力量评定的注意事项：若采用不同的测试方法，其结果不同，缺乏可比性。每次进行肢体肌力的测试，须做左右对比（因健康肢体的肌力也有个体差异及生理性波动），一般两侧差异大于10%～15%才有意义。

（2）步态分析

在运动系统疾病患者的检查中，应包括步态分析。步态分析是将生物力学的方法应用到临床和康复中。步态分析的方法有：

①视诊。视诊的方法简单易行：让患者反复行走，对其步态仔细观察。只有了解正常步态的结构要素并能识别步态中的任何变化，才能对步态进行正确的诊断。

②摄影分析。用摄像机将步态拍摄下来，选择其中的关键部分进行分析。用此种方法可保存步态的资料，便于进行前后对比。

③步态分析室分析。由三维测力仪、高速摄像机、录像机、解析仪、肌电图仪、计算机、气体分析仪等设备组成的步态分析室，可对步态进行综合的分析评定。

2. 心血管系统的检查

心血管系统的检查包括静态检查和动态检查。

常用的心血管系统的检查指标有心律、心音、心界、心电图、血压等。

心血管系统的功能检查一般采用定量负荷试验，常用的有：台阶试验、一次负荷试验、联合机能试验、PWC170 等。

（1）心律

正常的窦性心律为60～100次/分。超过100次/分为心动过速；低于60次/分为心动过缓。

（2）心音

心脏在一个心动周期内可产生四个心音。正常情况下可听到第一心音和第二心音。

心脏出现异常的声音为心脏杂音。在心脏上舒张期出现杂音常表示心脏有器质性病变；在心脏收缩期出现的杂音可分为生理性杂音和病理性杂音两类，而生理性杂音在青少年中较多见。当大学生心脏出现杂音时，应进行进一步的检查，以确定心脏杂音的性质和分级。

（3）心界

心界常采用X线测量的方法，在胸片上测量心脏的横径、纵径和宽径，用以下公式计算：

$$实测心脏面积=0.7019\times纵径\times横径+2.096$$

$$预测心脏面积=0.6207\times身高+0.6654\times体重-42.7946$$

用心脏实测面积与心脏预测面积进行比较，若超过预测面积的10%以上时，可以认为有心脏肥大的现象，若出现心脏肥大的现象，应进一步进行检查。

（4）心电图

心脏的特殊激动传导过程可以通过心电图仪将每一心动周期中的生理电流的变化记录下来。通过对心电图上的各种波的分析以判断心脏的功能。

（5）血压

大学生的血压应按照成人标准，健康成人的收缩压为12～17.3kPa（90～130mmHg），最高不超过12kPa（140mmHg）；舒张压为8～11.3kPa（60～85mmHg），最高不超过12kPa（90mmHg）；脉差为4～5.33kPa（30～40mmHg）。

3. 呼吸系统的检查

呼吸系统的检查包括肺容量测定、通气功能检查、呼出气体分析、屏气试验、日常生活能力评定等。

常用的指标有肺活量、五次肺活量、时间肺活量、最大通气量等。

(1) 肺活量

测定肺容量最常用的指标，指深吸气后做最大呼气的气量。正常值为：男性 3470mL、女性 2440mL。

(2) 五次肺活量试验

让受试者连续测五次肺活量，每次间隔 15 秒（呼气时间在内），记录每次肺活量的结果。五次肺活量值基本相同或有增加者为机能良好，逐渐下降者为机能不良。

(3) 肺活量运动负荷试验

先测安静时的肺活量，然后进行定量负荷运动，运动后即刻测量肺活量，每分钟测一次，共测五次，并记录测量结果。评价方法同五次肺活量测试。

(4) 时间肺活量

也称用力呼气量，指一次深吸气后快速用力将气体呼入肺计量计内，记录其呼气曲线并计算出呼气总量以及时间肺活量。正常第 1 秒、第 2 秒、第 3 秒的时间肺活量值为 83％、96％、99％。

(5) 最大通气量

指单位时间内所能呼吸的最大气量，反映通气功能的潜力。测定时让受试者快速深吸气 15 秒，测定其通气量，然后乘以 4 为每分钟最大通气量。正常值男性为 104L，女性为 82L。

(6) 闭气试验

让受试者安静坐位，分别测量深吸气后的闭气时间和深呼气后的闭气时间，记录结果。正常时，吸气后的闭气时间，男性为 40 秒左右，女性为 25 秒左右；深呼气后的闭气时间，男性为 30 秒，女性为 20 秒左右。

（7）呼吸气体测定

使用呼吸气体分析仪，测定肺通气量、吸氧量、二氧化碳排放量等各项气体代谢指标。

4. 神经系统的检查

神经系统的检查包括自主神经功能检查，视、听、位、味觉、体表感觉神经功能检查，反射检查，神经肌肉功能检查等。

（1）自主神经系统功能检查

卧倒—直立试验。让受试者卧床休息 3 分钟后测 1 分钟的心率，然后站立，再测 1 分钟的心率，比较前后两次的心率数。正常时心率数每分钟增加 12～18 次，若超过正常值，表示交感神经兴奋性强；若增加次数在 6 次以下，表示交感神经兴奋性弱。

直立—卧倒试验。测受试者安静直立时 1 分钟的心率，然后让受试者缓慢躺下，15 秒后测 1 分钟的心率，比较前后两次的心率数。正常时心率每分钟减少 6～10 次，若超过正常值，表示迷走神经兴奋性强。

（2）视、听、位、味觉、体表感觉神经功能检查

视神经检查包括视力检查（远视力和近视力检查）、视野检查、眼底检查等。

听觉神经检查包括一般听觉神经检查、空气传导检查、骨传导检查等。

位神经检查可采用“双指（臂）试验”“指鼻试验”“转椅试验”等。

味觉试验包括酸、甜、苦、咸等味觉的检查。

皮肤感觉试验包括皮肤的痛觉、触觉、温度觉等感觉检查。

（3）反射检查

反射包括浅层反射和深层反射

浅层反射指刺激皮肤或黏膜而引起的反射。通常有角膜反射、腹壁

反射、足趾反射等。

深层反射包括二头肌腱反射、三头肌腱反射、桡骨骨膜反射、膝腱反射、跟腱反射等。

（4）神经肌肉功能检查

神经肌肉功能检查在康复医学中有重要意义。它包括坐位平衡、移动平衡、站立平衡、日常生活技巧、步行检查等。

（5）其他系统功能的检查

其他系统功能的检查有肝功能检查、肾功能检查、代谢功能检查等。

（三）制定运动处方

通常根据以上检查的结果，可以掌握锻炼者的健康状况、体力水平及运动能力的限度等，按其具体情况制定运动处方即可。处方中主要规定出运动强度的安全界限和有效界限、一次必要运动量（运动时间）以及一周的运动频度、运动中的注意事项等内容。

制定运动处方的注意事项如下：

第一，认真做好锻炼前的身体检查和预备性锻炼。通过身体检查和体力测定，把握身体状况和对运动负荷的承受能力，以保证锻炼的安全性。预备性锻炼是十分重要的，切不可心急求快。

第二，科学确定处方的运动负荷。一方面，要注意运用运动生理学、运动医学的有关知识，确定适合且可行的锻炼方案；另一方面，要对锻炼者的工作、生活和体力活动情况进行综合判断，保证运动负荷的科学合理性。

第三，要指出处方锻炼的某些特定要求，并督促锻炼者遵照执行。首先，要指出禁忌的运动项目和某些易发生危险的动作；其次，要指出处方锻炼中对负荷进行自我观察监督的指标和当指标异常时停止运动的标准；最后，要有关于生理卫生的常识指导。

第四，要督促锻炼者定期进行身体状况复查和体力测定。一般来说，每锻炼3～6个月后，就要进行一次健康检查和体力测定，以评价身体健康水平。同时还要评价锻炼的效果，提供反馈信息，为制定新的运动处方提供依据。

第五，以身体的基本素质为基础。制定运动处方时，体力的差别比性别和年龄的差别更重要。不要只根据性别、年龄来安排运动处方，还要根据身体素质情况来制定运动处方。

第六，环境因素。环境可以影响运动产生的生理反应，如炎热和寒冷、高原和空气污染等。当运动环境改变时，运动处方也应随之改变，以使参加者保持理想的安全水平。环境热应激是温度、相对湿度和辐射热作用的结果。此外，过多出汗和心血管呼吸系统功能差也会增加热应激。在热环境中应限制运动，运动中和运动后应补充适当水分。在寒冷天气运动时应注意头部和四肢的保暖，防止冻伤。

(四) 运动中的医务监督

在运动处方的实施过程中，应对受试者进行医务监督，以确保实施运动处方的安全性。健康状况良好的锻炼者，可在自我监督的情况下进行运动；心血管系统疾病、呼吸系统疾病、慢性病、临床症状不稳定的患者等，在实施运动处方时，应在医务监督的条件下进行运动。

1. 自我监督

身体健康的人实施运动处方时，可采用自我监督的方法，在运动过程中注意观察自己的健康状况和身体功能状态。观察的内容有：主观感觉（运动心情、不良感觉、睡眠、食欲、排汗量等）和简单的客观检查（脉搏、体重、运动效果等）。

2. 医务监督

有严重疾病的患者实施运动处方时，须在有医生指导、有医务监督的条件下进行运动。例如，心脏病人（尤其是在住院期间或门诊期）实施运动处方时，应在有心电监测条件和抢救条件的环境下进行。

（五）运动处方的修改和微调

运动处方的制定最初并不固定，首先设一个“观察期”，使锻炼者习惯于运动，并能对实施运动处方所能引起的身体反应等进行观察研究。然后设一个“调整期”，对运动处方的内容，反复调整、修改、逐步确定。在以后的一个时期，相对固定实施。在相对固定的时期，对运动处方也要进行必要的调整。在实施过程中，可根据锻炼者的具体情况，对运动处方进行微调，使锻炼者找到最适合自己条件的运动处方，不断提高锻炼效果。

第七章

青少年体质健康促进的保障

第一节　科学合理的膳食营养

合理的膳食营养能为青少年进行体育锻炼提供良好的营养保障。

一、人体所需的营养素

营养素是指食物中可给人体提供能量、机体构成成分和组织修复以及生理调节功能的化学成分。凡是能维持人体健康以及提供生长、发育和劳动所需要的各种物质均称为营养素。

现代医学研究表明，人体所需的营养素不下百种，其中一些可由自身合成、制造，但无法自身合成、制造必须有外界摄取的约有 40 余种，精细分后，可概括七大营养素：水、蛋白质、脂肪、碳水化合物、矿物质、维生素和膳食纤维。

（一）水

水是生命的源泉，人对水的需要仅次于氧气，水是维持生命必需的物质，机体的物质代谢，生理活动均离不开水的参与。人体细胞的重要成分是水，正常成人水分大约为 70%，婴儿体重的 80%左右是水，老年人身体 55%是水分。

1. 水的功能

水是人体的润滑剂。人体的每个器官都富含水分，如血液和肾脏中的水占 83%，心脏中的水分为 80%，肌肉为 76%，脑为 75%，肝脏为 68%，骨骼中含 22%。干燥是衰老的表现。年轻人细胞内水分占 42%，老年人则只占 33%，故此产生皱纹，皮下组织渐渐萎缩。人衰老的过程就是失去水分的过程。体内一些关节囊液、浆膜液可使器官之间免于摩擦受损，且能转动灵活。眼泪、唾液也都是相应器官的润滑剂。

人的各种生理活动都需要水。水可溶解各种营养物质，人体摄入的脂肪和蛋白质等要变成悬浮于水中的胶体状态才能被人体吸收、利用；水还会将氧气及营养物质运送到组织细胞，再将代谢废物排出体外，可见，人的各种代谢和生理活动都离不开水。

水还可帮助调节体温。人呼吸和出汗时都会排出部分水分。炎炎夏季，当环境温度高于体温时，人体就靠出汗蒸发带走一部分热量来降低体温，使人免于中暑。而在天冷时，由于水贮备热量的潜力很大，人体不致因外界温度低而使体温发生明显的波动。

水是世界上最奇妙的药。当人体感冒、发热时，多喝水有益于发汗、退热，冲淡血液中细菌所产生的毒素，同时小便增多，有利于加速毒素的排出。

2. 哪些人群易缺水

老人易出现缺水现象，这是因为老人对口渴不敏感，因此机体经常处于失水状态。如果老人体内缺水，会导致消化液减少，容易发生便秘，血液黏度变浓。

（二）蛋白质

1. 蛋白质在人体中的功能

蛋白质在人体中的主要功能是构成组织和修补组织。人体的大脑、神经、肌肉、内脏、血液、皮肤乃至指甲、头发等都是以蛋白质为主要成分构成的。在人的生长发育中，随着机体内新陈代谢的不断进行，部分蛋白质分解，组织衰老更新以及损伤后的组织弥补等都需要不断补充蛋白质。因此，人每天都要补充一定量的蛋白质，以满足身体的正常需要。另外，人体内的化学变化几乎都是在酶的催化下不断进行的，激素则对代谢的调节起着重要作用，而酶和激素都直接或间接来自蛋白质。

蛋白质在人体内还有防御功能和运动功能。人体抵抗力的强弱，取决于人体中抵抗疾病的抗体的多少，抗体的生成与蛋白质有密切关系。近年来被誉为抑制病毒的法宝和抗癌生力军的干扰素，就是一种复合蛋白质，是由糖和蛋白质结合而成的。肌肉收缩依赖于肌球蛋白和肌动蛋白，有肌肉收缩才有躯体运动、呼吸，消化及血液循环等生理活动。

人体每日需要的能量，主要来自糖类及脂肪。当蛋白质的量超过人体的需要，或者饮食中的糖类、脂肪供给不足时，蛋白质也可以分解，为人体提供热量。在人体新陈代谢过程中，被更新的组织蛋白也可氧化产生热能，满足人体的需要。不论是营养素的吸收、运输和储存以及其他物质的运输和储存，都有特殊蛋白质作为载体。如氧和二氧化碳在血液中的运输、脂类的运输、铁的运输和贮存都与蛋白质有密切的关系。

2. 蛋白质的主要来源

蛋白质有优质和非优质之分。优质蛋白质主要来源于肉类、奶制品、蛋类、禽类、鱼类、豆制品和坚果类。这些食物所含的氨基酸比例与人体本身的蛋白质相似，因此被称为优质蛋白。粮食、蔬菜、水果等食物中也含有蛋白质，但其构成成分多为非必需氨基酸，其蛋白质与优质蛋白相比，质量比较差，所以被称为非优质蛋白。

3. 人体蛋白质失衡会损害身体健康

如果青少年体内缺乏蛋白质会引起水肿和消瘦两种营养不良症状，成人则会出现抵抗力下降、浮肿、免疫力降低、伤口久不愈合等严重后果。如果人体摄取的蛋白质过多，对健康也无益，甚至还会加重肾脏的负担，摄入过多动物性蛋白，会造成硫氨基酸摄入过多，加速骨骼中钙质的流失，导致骨质疏松症。

（三）脂肪

许多人认为脂肪会导致人体发胖，引起多种疾病，因此在饮食中很少摄取脂肪。其实，这种观点比较片面，脂肪也是人体不可缺少的营养素。

1. 脂肪的主要功能

脂肪是组成人体组织和器官的重要成分。

脂肪是人体热量的来源。脂肪被人体吸收后供给的热量是等量蛋白质或碳水化合物能量的 2 倍；脂肪是人体内能量供应的重要贮备形式。脂肪还有利于脂溶性维生素的吸收；维持人体正常的生理功能。

作为热的不良导体，体表脂肪能防止体热散失，还能阻止外热传到体内，有助于维持体温恒定，支持、保护体内各种脏器，以及关节等不受损伤。

2. 脂肪的来源

脂肪的食物来源可分为可见食物来源和不可见食物来源。脂肪的可见食物来源主要有指动物油、花生油、豆油、橄榄油以及动物外皮（如鸡皮、鸭皮、鹅皮）等。脂肪的不可见食物来源主要有不容易被人们注意如瘦肉类、蛋类、奶制品、动物内脏、豆制品、坚果类食物（如花生、瓜子、核桃、杏仁、开心果、松子）等。即使谷类、蔬菜、水果中也含有微量的脂肪。

3. 人体内脂肪失衡会带来多种疾病

如果人体内出现脂肪失衡，人就会生病。如果人们摄入的脂肪太少，会发生营养不良、生长迟缓和各种脂溶性维生素缺乏病，特别是危及皮肤健康的维生素 A 缺乏症。如果人们摄入过多脂肪，会患上肥胖症，诱发心脏病等心血管疾病，引起骨质疏松症。

(四) 碳水化合物

碳水化合物又被称作糖类化合物，是人体维持生命活动所需能量的主要来源。

1. 碳水化合物的功能

与前两种营养素一样，碳水化合物也是构成人体组织不可缺少的主要成分，并参与人体新陈代谢过程。而且碳水化合物在细胞内可转变为其他物质，如脂肪、胆固醇等。碳水化合物可在细胞内转变成糖原存起来，其中以肝脏和肌肉存为主，储存的糖原又可分解成葡萄糖入血，以供给组织细胞利用。

碳水化合物还具有保肝解毒和对抗产生酮体的作用。

2. 碳水化合物的来源

碳水化合物的食物来源主要有青稞、燕麦、荞麦、水稻、大麦、小麦、玉米和高粱、水果（如甘蔗、甜瓜、西瓜、香蕉、葡萄等）、坚果、蔬菜（如胡萝卜、番薯等）等。

3. 人体内碳水化合物失衡的后果

如果人体内缺乏碳水化合物，会导致全身无力、疲乏，血糖含量降低，出现头晕、心悸、脑功能障碍等。严重者会导致低血糖昏迷。如果人体摄入过多的碳水化合物，碳水化合物会转化成脂肪贮存于体内，使人过于肥胖而导致各类疾病，如高脂血症、糖尿病症等。

（五）矿物质

矿物质是人体必不可少的又一类营养素，它包括人体所需的各种元素，如钙、磷、铁、锌、铜等。

1. 矿物质的功能

矿物质是构成人体组织的重要原料，矿物质可调节人体内酸碱平衡、肌肉收缩、神经反应等。矿物质中的钾、钠、镁是体液中主要的阳离子，它们可调节体内的水分，起到稳定人体内环境、平衡电解质阴阳离子的作用。

矿物质中的钙与磷主要存在于机体内的骨骼、牙齿、血清中，人体一旦缺钙就会发生佝偻病、软骨病、骨质疏松症，易发生高血压、糖尿病。磷不但是骨骼中的重要元素，还是核酸、磷脂的组成部分。一些微量元素，如铁、氟、硒、锌、铜、钴、钼、铬、锰、碘等也是人体所必需的，一旦缺乏则会影响人的生长、发育、生殖和寿命。如缺铁可引起缺铁性贫血，人体缺铜会引起心脏病，缺碘可能会引起单纯性甲状腺肿，缺氟则可能影响牙的生长，易患龋牙，氟过多则引起氟中毒和氟斑牙。身体的一切器官都含锌，生长发育不能缺锌；而硒具有抗氧化、抗衰老、促进生长、解毒、抗肿瘤等作用。

2. 矿物质的食物来源

钾的主要食物来源是谷物、肉类和各种新鲜蔬菜、水果。

钠的主要食物来源是食盐、咸味的调味料和腌渍食物。

镁的食物来源主要是绿叶蔬菜、水果、坚果、谷物、杏仁果、鱿鱼、大豆及其制品。

微量元素铬的食物来源是高铬酵母、牛肉、肝脏、蘑菇、啤酒、土豆、麦芽、蛋黄、带皮苹果、蛤蜊、鳗鱼、糙米、荞麦粉。

含锌多的食物主要有牡蛎、扇贝、蛤蜊、蚶子等水产品，其次是肉、肝、蛋等动物性食物，豆类、谷类胚芽、燕麦、花生、全麦制品等食物中也有一定量的锌。

含硒的食物主要有鱼类、肉类、谷类、蔬菜。

(六) 维生素

维生素是人体维持正常生理功能所必需的低分子有机化合物。

1. 维生素的功能

尽管维生素不提供能量，也不是构成机体的成分，但饮食中绝对不能缺少维生素。如果人体长期缺乏某种维生素，就有可能引起代谢紊乱，使人体出现病理状态而形成维生素缺乏症。其中维生素 A 具有维持人体视觉反应、维持人体上皮组织正常形态与功能、维持人体骨骼发育、维护皮肤细胞功能的作用。维生素 A 可使皮肤柔软细嫩，还可防皱去皱。

B 族维生素是一个大家族，它们可改善人体神经症状，能防止发生外周神经炎并发症。维生素 B1 是将血糖转变成能量的补酵素，与血糖值上升有重要的关系。维生素 B2 负责将脂肪燃烧成能量，如果维生素 B2 不足会引起高脂血症。

维生素 C 又叫抗坏血酸，它具有促进胆固醇转化、降低血清中胆固醇含量，预防心血管疾病的作用。此外，维生素 C 还可促进胶原的形成，以维持血管壁的弹性。

其他维生素，如维生素 D、维生素 E，以及维生素 K 等，对身体也非常重要，维生素 D 多存在于鱼虾、蛋黄、蘑菇、茄子等食物中，而维生素 E 则存在于大豆、麦芽、植物油，以及各种未经过精细处理的谷类制品和坚果中。维生素 K 虽然很少提到，但却是血液凝固不可或缺的物质，可以通过多吃肉类、奶酪、蛋黄、青菜、鱼卵，以及胡萝卜、西红柿酱等补充。

2. 维生素的食物来源

富含维生素 A 的食物有两种：一是维生素 A 原，即各种胡萝卜素，主要存在于植物性食物中，如绿叶菜类、黄色菜类以及水果类，菠菜、苜蓿、豌豆苗、红心甜薯、胡萝卜、青椒、南瓜等含量较多；二是来自动物性食物的维生素A，此类维生素A可直接被人体吸收、利用，主要存在于动物肝脏、奶及奶制品（未脱脂奶）及禽蛋中。

富含维生素B1的食品有谷类、豆类、瘦猪肉、动物内脏、蛋类等食物。

富含维生素B2的食品有肝、牛奶、纳豆等。富含维生素B12的食物有动物内脏、蛋类、肉类等。

维生素C主要存在于新鲜蔬菜、水果中。蔬菜中的绿叶蔬菜、青椒、番茄、大白菜含维生素C较多，富含维生素C的水果有枣、橘子、山楂、柠檬、猕猴桃等。尽管水果中含有丰富的维生素C，但水果同时也含有较多的糖类，糖尿病患者食用时应注意要控制。

（七）膳食纤维

尽管膳食纤维的营养价值很低，但它在人体中具有其他营养素不可代替的营养生理功能。人体内如果缺乏膳食纤维，会引起人体代谢紊乱。

1. 膳食纤维的功能

膳食纤维可延缓人体内碳水化合物的消化和吸收，防止肥胖；而且膳食纤维还可改善人体神经末梢对胰岛素的感受性，降低对胰岛素的需求，调节糖尿病患者的血糖水平；膳食纤维还可促进肠道运动，刺激其蠕动，防止出现便秘；膳食纤维还可降低人体对胆固醇的吸收，防止心血管疾病的发生；膳食纤维还可调节肠内微生物菌群的组成，提高人体免疫力，增强人体抵抗疾病的能力。

2. 膳食纤维的食物来源

膳食纤维可分为水溶性及不可溶性两种，其主要成分包括纤维素、半纤维素、木质素、果胶、藻胶、琼脂及其他复合糖等。可溶性纤维包括水果中的果胶、海藻中的藻胶以及由魔芋中提取的葡甘聚糖等。其食物来源主要是稞麦粉、酸梅、柿子干、荞麦等。不可溶性纤维包括纤维素、木质素、半纤维素等。主要存在于谷物的表皮、全谷类食物中，如麦麸、麦片、全麦粉、糙米、燕麦、荞麦、莜麦、玉米面等，蔬菜的茎叶、豆类及豆制品里也有部分不可溶性纤维。

3. 人体内膳食纤维失衡带来的后果

如果人体内膳食纤维过少，会出现便秘、痔疮等疾病，还有可能引发直肠癌、结肠癌等。如果人体摄入过多的膳食纤维会加重肠胃负担，影响钙、铁、锌的吸收，引起骨质疏松症，还会降低蛋白质的吸收利用率。

二、青少年不良的膳食行为

青少年要想促进自身的健康成长与发展，就需要形成良好的膳食行为，在平时的生活中注意科学的饮食与合理营养。但目前，很多青少年都对膳食营养的认识不够，养成了一些不良的饮食习惯，主要有以下几种。

（一）挑食或偏食

绝大多数的青少年都能认识到偏食或挑食的坏处，尽管如此，这种现象还是普遍存在。青少年常见的挑食或偏食行为主要有不喜欢喝牛奶、不爱吃蔬菜、没有吃时令水果的习惯等。长期如此，青少年体内的营养物质就容易失衡，这对于身体健康是十分不利的。

（二）喜欢吃零食和快餐

多数青少年对高盐、高糖、高脂和高味精零食“情有独钟”，这些零食中的添加剂比较多，营养价值也不高，容易导致肥胖。以一份含有汉堡、薯条的麦当劳快餐为例，总热量大约是1185～1466千卡，其中40%～50%的热量是脂肪提供的，而维生素含量、矿物质含量远远没有达到合理膳食推荐标准。所以说这些快餐营养价值低，长期食用对于青少年的健康发育是非常不利的。

（三）就餐时玩手机或电脑

随着现代社会的不断发展，手机和电脑成为人们日常生活的必需品，而青少年更是对这些电子产品感兴趣。大多数青少年喜欢在吃饭时玩手机，这非常不利于食物的吸收与消化，长此以往容易导致胃肠道疾病。有一部分青少年沉迷于手机游戏，甚至达到了废寝忘食的地步，严重影响了青少年的健康成长。

（四）喜欢吃街头食品

一般来说，城市中的食品摊点非常多，但卫生情况不容乐观。相关调查发现，有很多的摊贩都没有卫生许可证、健康证等，食材难言干净，食品中含有大量的添加剂，餐具没有采取消毒措施等。另外，还有一些不良商家为了降低成本、扩大销售、增加利润，大量贩卖不卫生的食品，这对于青少年的身体健康发展是非常不利的。

（五）过多摄入烧烤类食物

烧烤类食品营养价值并不高，其中甚至还含有一些有害物质，危害人体健康发展，因此这一类食物不宜过多食用。

（六）用饮料代替白开水

目前，市场上销售的饮料多种多样，吸引了大量的人群参与消费，青少年就是其中重要的消费群体。有很多的青少年用饮料代替白开水解决口渴问题，这会对身体造成极大危害主要表现在以下几个方面：

第一，饮料的含糖量相对较高，长期饮用大量的饮料会损坏牙齿，并且容易导致糖尿病。

第二，过量饮用碳酸饮料会在一定程度上阻碍骨骼的生长，容易发生骨折。

第三，过量饮用饮料还会在一定程度上影响食欲和肠胃功能。

第四，很多饮料中含有大量的防腐剂或香精，长期饮用会导致机体肝肾功能的衰弱。

（七）盲目节食减肥

处于青春期的青少年都对自己的形体有着较高的要求，很多青少年，尤其是女生往往选择节食来减肥，以期获得良好的体型。但是节食减肥通常会导致不良的后果，如厌食、贫血、营养不良等，这对于青少年的健康成长是十分不利的。

三、日常膳食营养注意事项

(一) 食物多样，谷类为主，粗细搭配

每一种食物的营养成分都存在着一定的差异，因此，只有保证食物的多样化才能实现营养均衡。在我国传统饮食中，谷类食物占据着人们日常主食的大部分。如面、米、杂粮等能为人体提供足量的蛋白质、糖类、B族维生素和膳食纤维等。在食用的过程中，人们要注意粗细的搭配，常吃一些杂粮、粗粮和全谷类食物，这样能很好地维持营养的均衡，有利于身体健康发展。

(二) 多吃蔬菜、水果和薯类

蔬菜和水果中含有大量的矿物质、维生素和膳食纤维等营养素，这些营养素都是人体所必需的，因此在日常膳食中，多吃蔬菜和水果是尤为必要的。

另外，薯类中也含有大量的膳食纤维、矿物质和维生素等营养素，经常食用薯类能帮助青少年很好地维持肠道健康，提高人体免疫力，降低疾病发生的概率。

(三) 每天吃奶类、豆类或其制品

奶类中含有大量的钙、蛋白质和维生素等成分，是钙质的最佳来源，青少年时期正是骨骼发育的良好时期，因此每天吃一些奶类制品非常有利于青少年的骨骼健康。

另外，豆类中还含有丰富的蛋白质、维生素、脂肪酸和膳食纤维等，在平时的膳食中适当地食用豆制品也有利于青少年体质的健康发展。

(四) 常吃适量的鱼、禽、蛋和瘦肉

鱼、禽、蛋和瘦肉等食物中含有丰富的蛋白质、脂类、脂溶性维生

素、B族维生素等，这些元素都是人体所必需的营养素，一定要注意合理的补充。

（五）减少烹调油，吃清淡少盐膳食

脂肪是人体所需的重要营养素，它能为人体提供必需的脂肪酸，有利于脂溶性维生素的消化和吸收。但需要注意的是，青少年脂肪的摄入量要适当，不能过多，否则就容易引起肥胖症、高脂血症等多种疾病。因此，在平时的膳食营养中，要尽可能地养成吃清淡少盐膳食的良好习惯，不要摄食过多的动物性食物和油炸、腌制等食物，这样才能有效避免肥胖症。

（六）食不过量

青少年在运动的过程中会消耗大量的能量，因此摄入的能量一定要充足。但也要把握进食的量，否则多余的能量会以脂肪的形式存储下来，长此以往，就容易导致肥胖症。因此，青少年在平时的生活和参与体育锻炼期间要做到食不过量。

第二节　及时有效地预防损伤与疾病

青少年在参加体育锻炼的过程中，或因为准备活动不足，或因为锻炼环境或器材存在问题，有时候会发生一些运动伤病，这是比较常见的现象。为更好地预防运动伤病，以及发生运动伤病时能得到及时有效的治疗，青少年就需要学习和掌握运动伤病的基本知识与处理方法。

一、运动伤病的特点

（一）运动损伤的特点

与一般的损伤相比，运动性损伤具有自身独特的特点，这主要表现在以下几个方面：

①不同运动项目，技术特点不同，训练方法不同，因此发生的运动

损伤也表现出一定的差别。

②慢性小损伤是最为常见的运动损伤，一般多在软组织、骨、神经以及血管等部位发生，局部部位过度疲劳是导致这一类运动损伤的主要原因。

③为预防运动损伤，青少年要充分了解运动项目的技术动作与受伤机制。

④发生运动损伤后，青少年要暂时停止参加体育锻炼，否则会加重运动损伤。

（二）运动疾病的特点

发展到现在，运动疾病的特征研究成为一个重要的课题，在运动医学、体育保健学等学科的研究中，运动疾病的研究都是非常重要的内容。总的来看，运动疾病主要有以下几个特征。

1. 运动性疾病与体育运动的关系非常密切

发生运动疾病的主要原因在于运动负荷量与运动强度过大，长时间参加这样的体育运动锻炼难免就会发生运动性疾病。运动疾病与普通疾病诱发的原因是不同的，因此二者有着较大的区别。运动疾病与运动有着极为密切的关系，如果在运动中突然承受过重的运动负荷，就会出现过度疲劳、过度紧张的症状，这都是运动疾病的重要特征。

要判断参与体育锻炼的青少年是否患有运动疾病，就需要对其进行一定的诊断，诊断的内容主要包括以下几个部分：

①青少年的过往运动史。

②青少年日常锻炼内容。

③青少年的日常锻炼日记。

④青少年在运动锻炼过程中表现出的心理状态。

⑤青少年的运动锻炼效果等。

大量的实践表明，很多运动疾病都是因为运动量或运动负荷不合理而导致的，因此，合理安排运动负荷、控制运动强度是预防和治疗运动疾病的着眼点。据调查分析，不管是发病原因，还是诊断治疗以及预防等，体育运动都在其中扮演着十分重要的角色。

2. 运动疾病的临床特征不易判断

普通人与专业运动员之间在生理机能方面有着较大的区别，其原因主要在于专业运动员长期参加运动训练，如高水平耐力运动员经过科学而系统的专项训练，与一般人相比，在生理机能上表现出了心脏肥大或窦性心律过缓的特征。体育运动者的生理机能变化有些是正常的变化，有些是病理变化，具体是哪种类型，就需要从体育运动者的具体运动水平出发来判断，并区别对待。体育指导员、教练员及体育卫生工作者等相关人员必须具备这方面的基本能力。

3. 运动疾病和一般内科疾病容易被混淆

如果不注意，运动疾病容易与内科疾病混淆，但实际上二者之间有着本质的区别。例如，青少年在参加体育锻炼的过程中，有时候会感到腹部疼痛，此时要先检查并判断这是不是“急腹症”，如果不是，则是典型的运动疾病——“运动腹痛”。如果不先检查就认定是运动腹痛，就容易造成误诊，从而给后续的治疗带来非常大的困难。因此，体育教师要充分掌握运动疾病的相关知识和一般疾病的基本常识，具备诊断常见疾病的能力，这样才能准确判断青少年在运动中出现的不适症状，保障青少年的身体健康和生命安全。

二、运动损伤的防治

(一) 发生运动损伤的原因

1. 欠缺对运动损伤预防的认识

大多数运动损伤的出现都与安全意识欠缺有着密切的关系。因此，青少年一定要树立起预防运动损伤的意识，并将之贯彻到运动的始终。

2. 运动安排不合理

(1) 缺乏合理的准备活动

准备活动对于青少年参加体育锻炼而言是十分有必要的。它的重要意义在于通过一定的小负荷活动提高中枢神经系统和运动系统的兴奋性，使人体从相对的静止状态过渡到紧张的活动状态，以适应正式运动的需要。但部分青少年缺乏进行准备活动的意识，即使有准备活动，也是应付一下，准备活动不系统、不全面，这非常容易导致运动损伤。

（2）运动负荷过大

青少年参加体育锻炼要有合理的运动负荷，只有如此才能保证锻炼的效果，但是运动负荷的安排一定要合理，不能一味追求大运动负荷的训练，否则容易使青少年的身体难以承受而引发运动损伤。

（3）运动项目选择不当

青少年参加体育锻炼，可以根据自己的兴趣和爱好自由选择多种形式的运动项目。对于那些明显超出自身能力范畴的运动则应该谨慎参与，以免发生运动损伤。

（4）运动组织方法不当

良好的运动组织会对青少年的体育锻炼产生积极的影响。良好的运动组织主要表现为正确的组织原则、合理的组织步骤、严谨的过程管理以及全面的总结。青少年在体育锻炼的过程中尤其要注意维护好运动锻炼的纪律，明确运动规则，严禁做出有违体育道德的粗野行为。

3. 身体状态和心理状态不良

大量的实践表明，人的身心状态也会在一定程度上影响其运动水平的高低。例如，身心状态不佳会导致肌肉力量不足、动作变形、身体协调性和平衡性下降、注意力涣散、反应迟缓等现象。如果青少年在这种状态下参加体育锻炼就容易发生运动损伤。

4. 慢性劳损

慢性劳损是一种运动员因身体局部过度活动、长期负重，或者某部位受到持续、反复的外力作用而造成的慢性积累性损伤。青少年长期参加体育锻炼，是容易导致慢性劳损的。

慢性劳损主要发病于人体主要的活动枢纽部位。这种损伤的特点为顽固、不易治愈。对于青少年而言，发生慢性劳损的概率还是比较低的，其发生与缺乏科学的体育锻炼有着密切的关系。

5. 肌肉收缩力下降

相关研究和实践表明，人体肌肉收缩力下降时就容易引起运动损伤。导致肌肉收缩力下降的原因多为技术动作僵硬、动作不合理、肌肉收缩不协调等。当发生这些现象时，就容易导致运动损伤。

6. 缺乏医务监督

青少年在参加体育锻炼的过程中要遵循科学合理的基本原则，选择的运动项目一定要符合自身具体实际，确保锻炼活动的顺利进行。从理论上来说，当青少年选择某项运动项目时，首先应该进行体检及运动功能评定，从而制定出有针对性的运动计划，这样也能有效地避免运动损伤。

（二）运动损伤的预防

1. 运动损伤预防的原则

（1）提升意识原则

青少年要想有效地预防运动损伤，首先就要建立良好的预防损伤的意识。教师要在平时积极地开展预防运动损伤的宣传教育工作，提高青少年的防伤知识水平，培养他们良好的防护技能。

（2）合理负荷原则

合理的运动负荷对于青少年预防运动损伤具有重要的作用，因此，青少年在参加体育锻炼的过程中一定要结合自身的具体实际合理安排运动负荷。适当的运动负荷能帮助青少年有效减小损伤发生的概率，而大负荷运动则会相应增加损伤发生的概率。但需要注意的是，青少年在参加体育锻炼的过程中，适当地进行大负荷运动还是有必要的，这样能有效地提升身体素质与运动技能水平。但总体上来看，还是要遵循合理负荷的基本原则进行锻炼。

（3）全面加强原则

全面加强原则是指全方位地促进青少年身体素质的提升。只有全面地发展青少年的身体素质，其身体才不会出现“短板”，身体各方面的适应力提高了，发生运动损伤的概率才会变小。因此，青少年在参加体育锻炼时一定要注意把握全面加强的基本原则，促进自身素质的全面提高。

（4）严格医务监督原则

加强医务监督对于青少年参加体育运动锻炼而言是非常重要的，这能有效缓解青少年的身体不适，有效预防运动损伤。除此之外，还要定期检查运动场地、器械和护具等硬件设施，以免出现安全隐患。

（5）自我保护原则

青少年在参加体育锻炼的过程中，还要遵循自我保护的基本原则，增强自身的运动安全意识。这要求青少年首先要建立起足够的自我保护意识，其次要掌握一些运动中的自我保护动作，以有效预防运动损伤。

2. 运动损伤预防的措施

体育运动都带有一定的风险性，因此青少年在参加体育锻炼的过程中一定要做好运动损伤的预防措施，以降低运动损伤发生的概率。

力量素质在人体各项体能素质中占据着重要的地位，良好的肌肉力量可以在运动中展现出足够的爆发力与协调力，可以有效减小运动损伤发生的概率及严重程度。如在同等条件下发生身体对抗的两名球员，身体力量占优势的一方无疑受伤的概率更小。除此之外，青少年还要针对不同的运动项目，加强薄弱环节的身体锻炼，以促进身体素质的全面发展。

运动者在运动的前、中、后阶段都有必要进行较为全面的体格检查，特别是对那些有运动伤病史的运动员更要仔细检查。检查的重点在于专项运动特点下的易损伤部位，这可以尽早发现各种劳损性损伤，并为接下来的训练负荷和方式的安排提供参考。除此之外，运动者自身也要提升自我监督的意识，对一些基本症状有所了解。

青少年可以选择体育锻炼项目有很多，不同的运动项目有不同的预防方法，青少年要根据运动项目的特点学会自我保护的方法，要做好各种防护措施以避免运动损伤。

除此之外，青少年在参加体育锻炼时还要注意观察体育场馆和设备的卫生及其他情况。尤其是注意运动器材是否符合标准，是否存在安全隐患，将运动损伤发生的可能性降到最低。

有必要建立青少年、医生和体育活动组织者三结合的制度，针对运动损伤问题展开探讨。还可以举办一些关于运动损伤防护、急救的知识讲座，培养青少年丰富的运动安全知识。

（三）运动损伤的处理

1. 擦伤

（1）症状

擦伤是指皮肤被粗糙物体摩擦而引起的损伤。擦伤大多数为皮肤受损，严重的擦伤还会出血及有组织液渗出。

（2）处理方法

①小面积的擦伤可用清水、生理盐水等冲洗干净。不需要额外的包扎和上药，能很快得到恢复。

②较大面积的擦伤可以用碘酒或者医用酒精涂抹。处理完毕后盖上凡士林纱布，并妥善包扎，避免感染。

③关节周围发生擦伤时要清洗干净伤处并进行消毒，可以在伤口处涂敷青霉素软膏，以加快伤口处的恢复速度。

2. 拉伤

（1）症状

拉伤，是指肌肉受到强烈牵拉而引发的肌肉纤维损伤。一般分为部分拉伤和完全拉伤两种。青少年在参加体育锻炼的过程中，大腿或小腿肌肉处较容易发生肌肉拉伤。

青少年在参加体育锻炼时，如果发生拉伤，拉伤部位会感到疼痛、肿胀、有压痛感、肌肉功能障碍等。如果肌肉完全断裂则会失去正常功能，断裂处可摸到明显凹陷及周边异常隆起的肌肉断端。

（2）处理方法

①采用氯乙烷镇痛喷雾剂喷涂损伤处，然后冷敷并加压包扎。

②肌纤维轻度拉伤及肌肉痉挛者可使用针刺疗法。

③怀疑有肌肉、肌腱完全断裂者，应在局部加压包扎并固定患肢，然后送往医院及时救治。

④如果要按摩，需要在拉伤48小时后进行，按摩手法一定要掌握好，不能过轻或过重，否则就难以获得理想的治疗效果。

3. 撕裂伤

(1) 症状

撕裂伤是指皮肤受物体打击导致的裂口损伤。例如，拳击比赛中由于眉弓位置频繁遭受击打而导致的眉弓开裂就是撕裂伤。

撕裂伤有开放性和闭合性两种。开放性撕裂伤会伴随出血、撕裂处周围肿胀等症状；闭合性撕裂伤没有出血，但伤处在触及时有凹陷感和剧烈疼痛症状。

撕裂伤主要包括眉际撕裂伤和跟腱撕裂伤两种。青少年要针对不同的撕裂伤采取不同的治疗方法。

(2) 处理方法

①较轻的撕裂伤可先消毒，然后用云南白药等止血，再用消毒纱布覆盖加压包扎。

②如撕裂处流血不止，则应在靠近伤口处缚以止血带后，将伤者送往医院。

③如撕裂处的伤口较大、较深，应立即将伤者送往医院进行治疗。

4. 挫伤

(1) 症状

挫伤是指受钝性外力作用导致伤处及其深部组织的闭合性损伤。发生挫伤时，受伤部位出现疼痛、肿胀、皮下出血等症状，需要及时进行处理。

(2) 处理方法

①青少年在参加体育锻炼的过程中，如果发生挫伤，要立即局部冷敷、外敷新伤药等，并进行适当的加压包扎。

②肱四头肌和小腿后群肌肉容易发生挫伤，发生挫伤时通常伴有肌

肉的损伤或断裂，还比较容易形成血肿。应对患处进行包扎固定后将伤者送往医院进行救治。

③挫伤严重者可能会发生休克，此时要注意周围环境的通风、保温，帮助伤者止血，在进行简单的处理后将伤者及时送往医院进行诊治。

5. 关节、韧带扭伤

(1) 髌骨劳损

①症状

经常参加体育锻炼的人容易发生髌骨劳损，其原因主要在于膝关节长期承担运动负荷，同时，在受到外部强烈的撞击时也容易发生髌骨劳损。

②处理方法

第一，可以采用针灸、按摩、中药外敷等治疗方法。

第二，恢复期间，可以做膝关节肌群的力量练习，以促进机体的尽快恢复。

(2) 肩关节扭伤

①症状

肩关节扭伤主要是由肩关节用力过猛、反复劳损或技术错误导致的。其症状主要有疼痛、肿胀、关节活动受限等。

②处理方法

第一，轻度扭伤可采用冷敷和加压包扎的方法处理。受伤 24 小时后可适当采用针灸、按摩等方法治疗。

第二，肩关节扭伤如果伤及韧带，导致韧带断裂，则需要立刻送往医院进行缝合治疗。

第三，部位疼痛或肿胀症状减轻后，可开始尝试功能性锻炼。

(3) 急性腰伤

①症状

发生急性腰伤的主要原因在于身体重心不稳或肌肉收缩不协调，在这样的情况下，腰部受力过重或者脊柱运动时超过了正常的生理范围。急性腰伤出现后通常伴随疼痛，以及会有腰部肌肉痉挛和功能受限等症状。

②处理方法

第一，首先让伤者取平卧位。

第二，如果疼痛较为剧烈，应立即将伤者用担架送往医院。

第三，在经过处理后，伤者应卧硬床或腰后垫枕头，以此使腰部肌肉保持松弛。

第四，后期可采用针灸、按摩及外敷伤药等方法治疗。

（4）膝关节侧副韧带损伤

①症状

膝关节侧副韧带部位的损伤主要是膝关节弯曲时小腿突然外展外旋或当脚和小腿固定时大腿突然内收内旋导致。发生这一运动损伤后，伤者受伤部位会出现疼痛、肿胀、压痛、功能受限等症状。

②处理方法

第一，轻度膝关节侧副韧带损伤只需要患处外敷药，内服消肿止痛药即可。之后可配合按摩和理疗。

第二，中度膝关节侧副韧带损伤应首先进行伤处局部冷敷，并加压包扎，限制膝部活动。

第三，重度膝关节侧副韧带损伤主要是韧带发生了断裂，应尽快送往医院进行诊治。

（5）踝关节扭伤

①症状

青少年在参加体育锻炼的过程中，踝关节容易发生运动损伤，这主要是跳起落地失去平衡或踝关节过度内外翻导致的。其症状主要有患处肿胀、疼痛、皮下瘀血等。

②处理方法

第一，冷敷，并做固定包扎。

第二，发生运动损伤后必要时可进行封闭治疗。

第三，严重的扭伤应使用石膏固定。

第四，损伤情况有所好转后可进行一些功能性练习。

（6）指间关节扭伤

①症状

指间关节扭伤是手指受到侧向外力冲击而造成的扭伤。指间关节扭伤后往往伴有关节肿胀、疼痛、功能受阻等症状。如果扭伤较为严重甚至会出现关节变形的情况，此时的痛感更为强烈，应立刻前往医院进行进一步的治疗。

②处理方法

第一，轻度指关节扭伤可采取冷敷或者轻度拔伸牵引的方式处理，然后用粘膏、胶布等将伤指固定在旁边手指上，第三天开始做手指屈伸活动。

第二，发生重度扭伤时立刻送往医院进行治疗。

6. 骨折

（1）症状

骨折可以说是较为严重的运动损伤。一般来说，骨折有不完全性骨折和完全性骨折两种。造成骨折的原因通常是运动中身体某部位受到外力撞击。骨折后伴随的症状为剧烈疼痛、皮下出血、损伤位置肢体部分或完全丧失功能。严重的骨折甚至还会损伤体内脏器和神经，甚至致人休克。

（2）处理方法

①骨折后谨慎移动伤肢，找工具尽快固定伤肢，特别是要限制骨折断端的活动。

②如果是开放性骨折则应首先采用止血带法和压迫法止血，包扎后立刻将伤者送往医院。应特别注意不要对可能暴露在身体外的骨骼断端还纳，也不要任意去除，防止感染。

③伤肢固定稳妥后要注意伤者的保暖，每过一段时间就要检查一下

固定情况。如果是对四肢的固定，务必要定时观察肢端情况，询问伤者是否有麻木、发冷的情况，如有则证明包扎过紧，影响了血液流通，要适时放松一些。

三、运动疾病的防治

（一）发生运动疾病的原因

1. 运动负荷安排不当

青少年长时间地参加体育锻炼，由于运动负荷量较大，缺乏必要的休息时间，就容易发生运动疲劳而导致器官系统的功能紊乱或病理改变。青少年运动负荷量增加过快，或伤病后过早开始训练或比赛，或连续参加重大比赛也可能导致运动疾病。

2. 运动项目自身特点所致

青少年在参加一些耐力性项目锻炼时，由于运动负荷量过大，就容易引起过度训练综合症，出现肌肉痉挛、晕厥、运动性贫血等症状。而在一些对抗性项目中，由于运动员的身体经常遭受撞击，因此很容易发生运动性腹痛、晕厥、运动性蛋白尿和运动性血尿等。

3. 营养不合理

营养不合理也是导致运动疾病的一个重要原因。对于青少年而言，营养不合理主要表现为吃饭不规律、挑食，这使得人体所需的各种营养素得不到及时有效的补充，导致新陈代谢速度较慢、能源储备短缺等问题，进而造成运动性贫血、晕厥等病症。因此，在平时的体育锻炼中，青少年一定要注意各种营养素的合理补充。

（二）运动疾病的预防

1. 制订科学的体育锻炼计划

制订科学的体育锻炼计划是有效预防运动疾病的一个重要措施。青少年在制订计划时，要依据自身的实际情况（如性别、运动基础等）合理安排体育锻炼活动，从而实现体育锻炼的基本目标。

2. 遵守基本的体育锻炼原则

青少年在参加体育锻炼的过程中，要严格遵守全面发展、循序渐进、持之以恒和安全性等基本原则。对于青少年而言，其参加体育锻炼的主要目的在于促进身体素质的发展。因此，在安排运动负荷时不要过重，以免影响机体的发展。

3. 避免运动疲劳积累

运动疲劳的产生有着一定的科学依据，青少年要认识与了解运动疲劳的产生机制，这样才能更好地消除疲劳，促进机体的正常发展。避免和消除运动疲劳的手段有很多，青少年在参加体育锻炼时可以采用以下几种手段：

①保证充足的睡眠，养成良好的生活习惯。

②不在休息时间参加过多的娱乐活动。

③合理的膳食营养，促进机体的恢复与发展。

④适当采用针灸、按摩、理疗等手段消除运动疲劳。

4. 加强训练的医务监督工作

定期对青少年的身体情况进行检查，以便及时发现器官系统中存在的问题隐患，做到早发现，早诊断，早治疗。

加强体育锻炼的医务监督工作，及时了解青少年的身心发展状态，得出客观的反馈信息，根据反馈信息合理地安排运动负荷，避免发生运动疾病。

（三）运动疾病的处理

1. 过度紧张

长时间未参加体育锻炼的青少年突然参加体育锻炼活动时就容易出现过度紧张的情况，其主要原因在于机体短时间内难以适应运动负荷。

青少年在出现过度紧张症状时，其身体和心理会出现各种不适症状，如恶心、呕吐、头痛、头晕等，更有甚者会出现呼吸困难、神志不清等症状，需要及时给予治疗。

在发生过度紧张时，可以采用以下处理手段：

①停止参加体育锻炼，保证充足的休息。

②急救时，使患者平卧或半卧（心功能不全者），松解衣物，同时注意保暖，然后点掐其内关和足三里穴。

③昏迷者，可掐人中、百会、合谷、涌泉等穴。

2．肌肉痉挛

肌肉痉挛是运动过程中由于肌肉过度紧张和紧绷或技术动作超出肌肉承受范围而引起的肌肉不自主收缩。肌肉痉挛多表现为痉挛部位肌肉疼痛、肢体僵硬，有一定的运动障碍。

青少年在发生肌肉痉挛时，可以采取以下处理手段：

①症状较轻者，可均匀地牵引痉挛的肌肉以缓解症状。

②腿部肌肉发生痉挛时，应尽力直膝、伸踝、拉长痉挛肌肉。

3．运动性腹痛

运动性腹痛一般是运动引起的腹部生理性疼痛，多由于运动前和运动中活动不充分导致的胃肠痉挛、腹直肌痉挛、呼吸紊乱等引起。青少年在参加体育锻炼的过程中，如果发生运动性腹痛，可以采取以下处理手段：

①了解腹痛性质和部位，判断其是运动性生理疼痛，还是由运动引起或突发性的病理性疼痛，如果是病理性疼痛应及时去医院进行治疗。

②当出现运动性腹痛时，应降低运动负荷，按压疼痛部位慢跑，以缓解症状。

4．运动性低血糖

青少年在空腹参加体育锻炼或长时间地参加剧烈运动，体内糖消耗过多而又不能得到及时补充时就容易发生运动性低血糖休克，其症状表现为面白、心烦、焦虑，严重者甚至出现休克、昏迷等情况。

青少年在参加体育锻炼的过程中，如果出现运动性低血糖症状，可以采取以下处理手段：

①平卧，注意保暖，饮浓糖水或吃少量食品。

②晕倒昏迷者，可针刺人中、百会、涌泉、合谷等穴使患者清醒，

并及时送往医院进行诊治。

5. 运动性高血压

青少年长期未参加体育锻炼或者突然进行高强度的体育锻炼时就容易引发运动性高血压，其症状主要表现为头晕、头疼。

青少年为避免在参加体育锻炼时如果发生运动性高血压，需要做到以下几点：

①运动中如有不适，应及时休息。

②避免剧烈运动，养成良好的生活习惯和运动习惯。

③有高血压史者参加体育锻炼应遵医嘱，做好必要的预防措施。

6. 运动性贫血

正常男子的血红蛋白含量为0.69～0.83mmol/L，正常女子的血红蛋白含量为0.64～0.78mmol/L。运动性贫血是由于运动不当导致的血液中红细胞数和血红蛋白量低于正常值的情况。贫血发生时，通常有眩晕感、乏力感。

运动中发生贫血，应及时减少运动量，必要时应停止运动。

7. 运动性中暑

在炎热的夏季参加体育锻炼时，人的身体热量不能及时散发，就容易发生中暑。中暑后，通常人会感到乏力、头晕、头痛，并出现呕吐、体温升高等现象。严重者还会出现痉挛、心律失常、昏倒等现象。

青少年在参加体育锻炼的过程中，如果发生运动性中暑现象，可以采取以下处理手段：

①当发现有中暑先兆时，立即移至通风阴凉处休息，适当地饮用一些解暑药物。

②出现痉挛症状时，牵伸痉挛肌肉，并服含盐清凉饮料。

③出现昏迷症状时，可针刺人中、涌泉、中冲等穴位，然后立即送往医院救治。

8. 运动性昏厥

运动性昏厥是指暂时性的知觉和行动能力丧失，也就是我们通常所说的“休克”。发生休克时，一般会出现头昏、无力、眼前发黑、恶心等症状。

青少年在参加体育锻炼过程中，如果出现运动性昏厥，可以采用以下处理措施：

①平卧，头放低，足垫高，松解衣带，热毛巾擦脸，嗅氨水或点掐其人中、百会、合谷等穴位，做向心推摩。

②未恢复知觉前或有呕吐现象时切忌饮食。

9. 延迟性肌肉酸痛

在进行长时间的体育锻炼后，青少年可能会在第二天出现肌肉酸痛现象，这就是所谓的延迟性肌肉酸痛。发生这一症状时可以采取以下治疗措施：

①热敷或按摩酸痛肌肉。

②口服维生素 C 以缓解症状。

③做局部针灸和电疗处理。

第三节　构建青少年体质健康监控服务体系

一、体质健康监控服务体系的概念

体质健康监控服务指的是为满足青少年体质健康需求并对其过程实施监控指导而提供的产品和行为的总称。体质健康监控服务体系可以说是一个满足青少年体质健康需求并对其过程实施监控指导的要素构成的有机整体。建立这一体系能为青少年参加体育锻炼提供有效的指导和帮助。

二、青少年体质健康监控服务体系的构建对策

（一）以指导思想为根本宗旨

在健康中国背景下，构建一个健全和完善的青少年体质健康监控服

务体系，对于青少年的健康发展具有重要的历史意义。构建这一体系，首先要明确基本指导思想，然后依此为根本宗旨。青少年体质健康监控服务体系构建的指导思想是：关注健康，关注学生，为建构青少年体质健康监控服务体系，服务广大学生，须本着发扬“一切为了学生，为了一切学生”的奉献精神，坚持面向全体学生，以增进学生健康、强健学生体魄、增强学生体质为根本目标，立足于现实，着眼于学生终身体育发展的需要，高度重视对学生终身体育意识、兴趣、习惯和能力的培养，为提高全体青少年身体、心理与社会适应等整体健康水平服务。在这一思想的指导下，政府和学校要积极探索对青少年体质健康进行干预的科学手段，加强青少年体育锻炼意识与习惯的培养。

（二）以政策法规为基本保障

政策法规在青少年体质健康方面发挥着十分重要的作用，能保障健康监控工作的顺利开展。因此，构建青少年体质健康监控体系需要以政策法规为基本保障。只有政府从政策上加以干预，加强监督与管理，才能更好地落实体质健康监控服务。需要注意的是，政府在青少年体质健康管理中主要起间接调控的作用，而发挥直接调控作用的是各级教委，他们是青少年体质健康的管理主体，但直接调控也要以政府的权力为依托。

政府出台的政策只有真正落到实处，才能发挥其作用，学校要积极响应政府的号召，充分落实相关政策法规，并以政府政策为依据制定具体的体质健康监控措施，培养学生的终身体育观念，为学生的健康提供良好的服务。

（三）以考核评估为核心内容

为确保青少年体育锻炼的科学性，还需要对其体质健康进行一定的评估，这也是对青少年体质健康监控服务体系成果进行检验的核心手段。要使青少年体质健康监控服务的开展得到保障，就要满足仪器设施准确、项目测试合理、考核评估方式科学、数据上传真实等几个基本条件。在青少年体质健康考核评估中，首先需要解决的问题就是完善学校软硬件设施，硬件方面主要是统一测试仪器和评判标准，软件方面主要是挑选专业水平高的测试人员对青少年进行考核评估。对青少年体质进行考核与评估，要做到公平、公正、公开，针对不同年龄和性别的学生选择不同的测试项目，评估标准也要合理，这样才能得出准确客观地评估信息，从而为制订科学合理的运动锻炼计划或方案提供重要的依据。

(四) 以网络平台为未来动向

现代社会已进入网络信息时代，因此我们要充分利用互联网资源，构建网络管理平台，加强信息化管理，这对于青少年体质健康监控服务体系的建设是非常有帮助的。

在构建青少年体质健康网络信息平台时，需要注意平台的多功能性特点，以准确采集数据、全面分析数据、快速上传数据，提高监测的专业性与效率。此外，构建青少年体质健康监控网络平台，离不开政府出台政策以及青少年、家长、教师等的积极配合，这样才能提高网络平台的运作效率，为青少年参加体育锻炼提供良好的保障。

第八章

互联网与青少年体质健康促进

第一节　互联网环境下的青少年体质健康促进

一、互联网与青少年体质健康促进

青少年的体质健康问题对于建设健康中国、促进教育现代化、实现素质教育具有重要意义。为此，党和国家高度重视青少年的体质健康问题，已出台多项有关青少年体质健康的文件，强调青少年体质健康问题在当前社会经济发展中的重要性，并要求各级政府、学校和社会团体力量贯彻落实有关青少年体质健康促进的相关文件政策要求。

云计算、大数据、物联网等互联网技术在青少年日常生活中的普及，为促进青少年体质健康发展提供了新的契机。如何利用互联网技术开展健康促进知识传播以及有效匹配网络体育资源已成为重点研究的问题。如可通过运动 App、社交软件等为青少年提供类似产品和服务，为其提供多样化和便捷化的锻炼渠道；通过构建网络交互服务平台，不仅可以交互共享各类体育锻炼相关信息，有效存储青少年的体质健康数据，也可对运动信息数据进行挖掘与分析，实现运动计划和运动处方的个性化推送等。

二、云计算与青少年体质健康促进

基于云计算视角对青少年体育健康促进方面的研究与应用处于起步阶段，学术研究大多局限于宏观架构与理论意义层面，多立足于信息科学角度，侧重于运动数据的获取、存储、处理、挖掘和信息安全等方面，鲜有从青少年体质健康促进层面探讨云计算技术所带来的变革与冲击。尽管互联网已被广泛认为是进行沟通和互动的重要工具，但基于云计算技术在青少年的应用方面还涉及较少，可能与当前应试教育主要关注学生的考试成绩有关，而忽略了将互联网技术与青少年体质健康促进的有效结合。

互联网时代对实体化店铺冲击很大，但基于体育所独具的特点，需要参与者亲身进行体验或锻炼，因此网络渠道对体育实体渠道的冲击并不显著。如何借助互联网手段实现个性化的建议和更好、更便捷的服务？可构建实用易用的青少年体质健康促进交互平台来积累相关数据，将线上和线下服务有机融合，以便实现场馆安排、私人教练选择、提前预约、科学健身、运动处方、双向互动、动态体验、意见反馈等多重功能；还可以通过云计算技术推送相关数据的集成、分析与建议，更好地满足青少年体质健康促进的现实需求。未来应更注重青少年素质教育的全面提升，其中也包括借助云计算技术对特定群体提供个性化体育健康促进方案。

影响青少年体质健康的因素有很多，因此，促进青少年体质健康水平的提升需要多方位、多方面、多因素协同干预。当前网络信息技术的飞速发展，为有效促进青少年体质健康提供了便利化工具，如可以基于云计算技术构建青少年体育健康交互平台。云计算是继 20 世纪 80 年代大型计算机到“客户端—服务器”的大转变之后的又一巨变，是一种基于互联网的相关服务增加、使用和交付的模式，通常涉及通过互联网来提供动态易扩展且经常是虚拟化的资源，对于实现体育锻炼资源信息共享，用户间多方交互从而进行信息资源迭代，充分满足青少年体育锻炼需求具有显著意义。近年来逐步发展到“云”层面，云服务正在逐步突破互联网市场的范畴，政府、公共管理部门、各行业企业也开始接受云服务的理念，并开始将传统的自建 IT 方式转为使用公共云服务方式，云服务真正进入其产业的成熟期。用户不再需要了解“云”中基础设施的细节，不必具有相应的专业知识，也无需直接进行控制，只需通过各类云平台，就能实现体育信息资源的存储和实时调用。

三、基于互联网技术的青少年网络交互平台

新时代下数据资产已是人们日常生活中必不可少的经济资产形式，

既是创业方向又是投资机会，是国家竞争的前沿和企业创新的源泉。青少年体质健康是一个多方位、多因素影响的综合性问题，仅采集学校体测数据无法体现青少年体质数据的全面性和准确性。而体育网络服务平台通过可携带运动设备储存青少年运动中产生的相关数据，可以记录体育测试成绩，还可以由父母记录孩子的身体状况和每周课外体育活动量等，以此建立青少年体质健康电子档案。该平台更为全面、详细、客观地记录了每一个青少年的身体状况，通过数据挖掘和分析能有效提供个性化运动处方和建议。

首先，青少年体质健康促进交互平台的构建可以为青少年体育锻炼提供便捷的服务途径。青少年只需要登录体育网络服务平台就能够随时随地全面了解相关信息与发展动态，享受平台提供的体育健康相关信息与服务。该平台不仅可以检索到所需体育教学训练、健身休闲、场馆预订、运动社交等各类信息和软件资源，还可以为青少年提供各类体育科普知识、健身指导知识、职业赛事资讯等相关体育信息。

其次，青少年体质健康交互平台的构建有利于打破传统的体育边界，整合学校体育资源和社会体育资源，有助于丰富青少年多样化的课外体育活动，使青少年在享受学校体育资源的同时也能够享受到市场化的社会体育资源服务。互联网具有资源共享、便于交互等特点，通过寓教于乐，将娱乐、社交等与体育进行有效结合，从而达到提升青少年体质健康水平的目的。

最后，青少年体育网络交互平台的构建有助于建立青少年体质健康电子档案，帮助教师和家长全方位地了解青少年体质健康状况，从而有效把握青少年的运动强度和时间以及运动项目喜好。云计算和大数据，不仅可以为传统体育课的创新提供技术支持，还助于更全面地把握青少年体质健康发展中的普遍与个性化问题，从而针对不同个体提出具有针对性的解决办法。

四、大数据与青少年体质健康

（一）治理理念的变革

随着大数据时代的到来，大数据所具有的海量数据和强大的分析能力，将在理念上为青少年体质健康促进提供更多有价值的可能，从而促进治理主体的关联性、深度性和前瞻性思维方式的形成，也将进一步促进更加精准的健康服务政策落地和实施。大数据需要破解子数据之间的数据割裂，在遵循各主体共识的基础上，成为民众共生、共享、共创的数据财富。只有在正确的治理理念驱动下，形成一种多形式、多来源、实时的数据挖掘、分析和管理的精准治理体系，才能紧紧围绕培养青少年健康意识、提高青少年运动技能、改善青少年的社会生态环境和增强青少年体质健康水平的根本目标达成共识，才能形成多方主体参与、多中心协同的青少年体质健康促进共同治理的新格局。

在大数据时代，健康大数据的核心价值在于能够在海量数据中通过对数据的收集、储存、分析和应用，提取有效、及时、准确的数据，从而最大化地限制差异化的影响，推进青少年体质健康促进的科学化、精细化发展。大数据无疑将为体质健康促进提供近似“全样本”的数据基础。借助大数据的技术支持，体质健康促进将向更加个性化、人性化的健康服务模式转变。

大数据时代的到来，将会大大降低人们对于健康的诉求成本，不同个体之间的信息传递也将变得更加顺畅。每个个体都可以运用信息手段表达自己的健康观点和健康需求，由此，将构成海量的体质健康“微”数据和“微”事件。相关处理部门可以对这些无序的大数据进行深度挖掘，将广泛无序的模糊数据进行关联重组，分析不同诉求主体的体质健康问题，而且还可以预测可能出现的健康问题，并进行提早的干预或预防，进而根据适时的变化作出正确的决策。

(二) 整体效率提升

借助大数据的整合和优化功能，加快不同梯度的信息传递沟通和反馈，降低不同促进层面信息不对称造成的执行不畅、落实不严等问题。从“面”来看，借助大数据的分析和决策功能，能够为各级部门降低协调的成本和形成科学的信息化处理模式提供帮助。总之，借助大数据可以为青少年体质健康促进提供更加无缝化、多元化、高效化的协同机制，有利于多元促进格局的形成。

(三) 应用于青少年体质健康促进

随着大数据时代的到来，将体质健康促进协同体系由碎片化向网络化转变已经迫在眉睫。青少年体质健康促进工程的不断深入，对大数据中心相关数据的贮存、管理、挖掘、甄别、预测等技术手段提出更高的要求。借助大数据的收集和贮存功能，将大量的个体数据进行收集管理，大大强化数据的有效性和真实性，为不同促进层面主体提供科学的依据。

青少年体质分析支持系统基于大数据分析，需要系统保证极高的计算性能，能够在规定时间内快速地生成各类分析报表，以支撑学校的青少年健康教育决策。学校需要实时掌握青少年体质健康状态，以便迅速应对青少年不断变化的体质形势。一旦计算性能无法满足要求，则决策分析的滞后性将严重影响青少年体质健康的快速响应，从而制约青少年体质健康的快速发展。因此，如何从浩瀚的多源数据库中提取实时的决策信息反馈就变得很重要。

(四) 关联性挖掘在青少年体质健康数据中的应用

关联性挖掘就是在信息载体中查找存在于研究对象集合之间的相关性或因果结构，其结果可细化成三类：①验证性规则，即专家的观点得到数据支持性验证的规则；②含有新知识的规则，即隐含的、潜在的有价值信息或知识，这些信息或知识不容忽视，有深入探索的必要性；③不合理的规则，即结果与经验性理论和论断相悖，说明经验性理论需更正或实验数据误差较大需改进。体质监测官网在数据挖掘和分析下，均有对应的运动处方和专家建议，具体到实施步骤、操作风险。未来可依托大数据分析技术实现对海量体质健康数据的有效挖掘分析，找出其中的关联性，从而对不同事物间的因果关系有更好的把握，真正促进民众的体质健康提升。

（五）大数据与青少年体质健康促进

传统的数据挖掘受数据挖掘工具性能等方面的限制，一般先对数据做预处理之后才能做数据展示。数据挖掘需要非常多的时间去做数据准备，把预处理的结果临时保存起来，用空间换时间，才能实现更多的展示；传统的数据挖掘在前期准备时间较长，对大量变化的数据无法进行快速处理，难以应对“实时”分析的需求。这就需要一种新的方法和工具，满足从“实时”的数据中提取有用信息的要求。数据计算技术“内存计算”应运而生。相较于传统的数据处理方法，内存计算的优势在于：充分发挥内存的多核计算能力，在内存层面对数据进行并行处理；同时由于内存读取的速度较硬盘成倍加快，因此，内存计算可以对大容量、大规模的数据进行实时分析和运算，不再需要事先进行预处理和数据建模。面对多维数据的分析，充分利用内存计算，可以支持数据模型的实时分析和处理，以亿计的数据可能从之前的几天时间缩短为数秒钟即可处理完毕。这种数据分析方法更能适应运动数据实时和动态分析的需求，尤其是针对青少年健康体质数据的动态性变化，可提供有效的支持决策建议。

构建共享开放的数据信息交流平台也是青少年体质健康促进治理现代化进程中的重要一环。虽然我国早在21世纪初就专门创建了国家学生体质健康网，但是时至今日该网络平台中各健康促进职能部门间、社会组织、学校、家庭、社区等的关联度与结合度仍然不高，无法使社会参与主体真正参与到实际的治理工作之中。针对此问题，可依托原有的国家学生体质健康网，利用电子政务系统与互联网建立各方参与主体共享开放的数据信息共享平台，从而协调各部门间信息的流通和关联，并依照《中华人民共和国政府信息公开条例》等相关条例切实做到青少年体质健康促进信息的公开化、透明化，打破传统层级制模式下的数据信息壁垒，同时发挥其监督、举报的功能，为提升青少年体质健康水平提供有力支撑。

第二节　互联网技术在青少年体质健康促进中的应用

一、青少年科学锻炼指导服务网络体系

（一）青少年科学锻炼指导服务网络体系的特点

1．以青少年体质提升为中心

青少年网络锻炼指导应高度重视青少年的发展需要，从内容体系的设计，到网络锻炼的运作和管理，都应该始终以促进学生的身心发展为中心。网络锻炼指导平台应该遵循运动锻炼规律和青少年身心发展的规律，以人为本，以青少年为本，有针对性地、科学地指导青少年的体育锻炼。

2．服务网络体系规划的整体化

青少年科学锻炼指导服务网络体系作为一个综合的、庞大的系统，在进行系统构建时应把它看作完整的有机体，因此在规划方法上要注重方法的整体化。从保证系统的整体性出发，运用系统工程方法来通盘考虑这个问题，把全部过程紧密地连接成一个整体，全面地考虑和调整整个规划过程，最终实现系统运作的最优化。

3．服务网络体系中信息技术应用的综合化

基于网络的青少年科学锻炼指导服务系统不是单纯的技术体系，而

是涉及许多因素（如社会因素、经济因素等）的技术综合体系，要求自然科学和社会科学紧密地结合在一起。因此对科学锻炼指导服务网络体系的研究必须依靠多种先进的科学技术和手段，按照系统科学的思维与理论，跨越社会科学和自然科学的鸿沟，采用多学科交叉、综合集成的方法，从全局的角度出发来定位分析。

4. 服务网络体系中管理的科学化

科学的管理工作能够促进科学技术的应用，提高工作效率，青少年科学锻炼指导服务网络体系的正常工作和运转，往往需要通过统一的规划和科学的管理，来协调不同组织和单位的工作，合理地调配资源，准确应对体系构建中出现的各种问题。由此可见，科学的管理对该体系的构建起着至关重要的作用。

（二）青少年科学锻炼指导服务网络体系的构建

根据已有青少年科学锻炼指导服务的相关研究成果，通过对学校体育学、社会体育学、网络管理者等专家的访谈，以青少年科学锻炼指导服务需求为前提，结合网络锻炼指导的服务现状，基于网络的青少年科学锻炼指导体系构建可包含五大系统：信息发布平台、技术指导平台、在线交流平台、体质在线测验评价平台、资源下载平台。

1. 体育锻炼信息发布平台

通过网络来指导青少年进行科学锻炼，使之树立正确的锻炼观和养成锻炼的习惯，可借助网络信息的发布和宣传来加强。由于信息交流平台是一种服务平台，是科普教育服务、知识服务和信息服务的综合体，该服务平台系统可通过锻炼知识、活动信息、政策法规、先进案例等的传播，充分调动青少年参与科学锻炼的热情和积极性。对青少年锻炼指导的信息发布平台系统构建，可分为多个子栏目，如新闻资讯、锻炼科普知识、场馆信息、锻炼活动通知、导师团等，其中导师团主要是以体育项目教练、比赛裁判、社会体育指导员的服务信息为主的栏目。该服务平台体系主要针对青少年对体育锻炼信息方面的需求，为青少年提供体育锻炼所需要的新闻资讯，向青少年普及他们比较感兴趣的体育锻炼的小知识和常识，为青少年提供身边的锻炼场馆信息、锻炼活动预报等。

2. 技术指导平台

技术指导平台是青少年科学锻炼指导服务网络体系的核心内容和重要栏目，利用技术指导平台系统进行锻炼指导是顺应技术发展的一种实效性方法。该平台系统直接通过网络媒介，向青少年提供各种体育锻炼的技术性指导。该系统从性别、年龄、体质、爱好等方面对青少年进行分类，根据青少年的需求给予针对性的建议和指导，使之能更快捷、更方便地进行体育锻炼。技术指导平台系统设计得好坏，直接影响到网络体系的科学性和合理性，对青少年的锻炼效果产生直接的影响。

技术指导平台系统应包含以下指导服务栏目，分别是锻炼计划、运动营养、锻炼器材的选择和使用、各种运动项目的技术动作指导、伤病的预防与处理以及注意事项等。其中，锻炼计划的指导是根据青少年的年龄、性别、体质、需求等方面因素，为青少年制订锻炼计划提供的相关指导。运动营养栏目则是指导青少年科学进行营养搭配，正确饮食和补充营养，以满足青少年锻炼对于营养的需求的板块。锻炼器材栏目则是对器材的选择、使用和保养进行指导。伤病的预防和处理栏目对青少年进行伤病预防和处理方面的指导，使其减少运动损伤。运动项目技术指导是对于青少年感兴趣的锻炼项目进行专门的规则介绍以及运动技术、动作指导，使青少年形成正确的项目技术动作，实现较为满意的锻炼效果。

3. 在线交流平台

当今世界信息和多媒体技术高速发展，满足了人们多种形式交流的需求。在线交流平台系统对于青少年的锻炼指导起着十分重要的作用。青少年群体既可以通过该平台系统在线与专家进行锻炼方面的咨询，也可以同与自己有着相同兴趣爱好的同龄人进行锻炼交流和经验分享，还可以在线组织各种同城体育活动，网上相约锻炼，这样就能够充分调动起青少年体育锻炼积极性。要想全面满足青少年在线交流的需求，在线交流平台应该设计的栏目包括专家热线、锻炼贴吧、锻炼论坛和同城兴趣活动小组等。

专家热线是青少年锻炼指导的又一重要途径。邀请各类专家和学者进入网络平台，采用实时在线的形式与青少年进行锻炼的交流和指导，或采用青少年提出疑难问题，专家根据留言在一定时间内给予回复的形式进行网络的指导。锻炼贴吧和锻炼论坛是两种形式相近的网络交流形式，前者主要通过发帖和回帖的形式完成锻炼的交流和经验的分享；后者则是相关的组织机构，通过某种锻炼主题的发布，组织相关人员和感兴趣的锻炼人群进行交流的专区，形式多样，可以是文字、图片、视频等各种形式的交流。同城兴趣小组的设置，充分考虑到同一生活区域的青少年进行共同锻炼的需求。青少年通过该栏目，组织身边的同龄人进行锻炼活动，分享身边的锻炼信息，共享同城活动资源，真正实现资源网上享、信息网上得、组织网上建的活动沟通格局。

4. 体质在线测评平台

对青少年体质状况进行制度化和规范化的监测与评价，是评估青少年健康水平与体育工作质量的重要依据，是制订体育工作计划的基础。该系统是青少年科学锻炼指导服务网络体系开展工作的基础环节，要求建立体质测试与评价数据库，以青少年身体形态、生理指标、身体素质等指标为依据，收集、储存青少年体质现状的信息来建立青少年科学锻炼网络指导系统程序资料库，使青少年学生能够非常便利地在网络上找到自己的对应指标，并通过评价的分数，确定锻炼内容和负荷强度。

根据《国民体质测定标准》，体质检测系统的测试指标包括形态指标、机能指标、素质指标三部分。其中，素质指标包括了健康体能中的耐力素质、力量素质、速度素质和柔韧素质等。根据青少年体质健康的现状和标准，该体系平台中设置了测量方法、个人信息库、体质评价系统。其中的测量方法栏目中涉及的指标信息主要有肺活量、台阶指数、握力、纵跳、俯卧撑、坐卧体前驱、闭眼单脚跳、选择反应时等；而体质评价则分为弱、较弱、中等、良好、优秀五个等级。该评分系统会根据学生体质评价的结果和现状，制订相应的锻炼计划，给出相应的建议，确定适应的负荷强度等。

5. 资源下载平台

资源丰富、形式多样、功能完善的锻炼资源下载平台是青少年科学锻炼的重要保证。该系统应拥有海量的锻炼资源库以满足青少年的各种锻炼需求，具体包含日常锻炼和学习常用的文本、图片、音频、视频、课件和应用软件等资源。根据青少年需求的迫切度和专家的建议，可系统设置细分栏目，如锻炼用的视频专栏、图片专栏、音频专栏、应用软件专栏等。其中应用软件包括近年来网络上出现的一些锻炼指导软件，如 keep、每日瑜伽等。这些应用软件贴近青少年的兴趣习惯，依托于互联网，可以进行网络下载，安装到电脑或手机上，方便快捷地指导青少年的日常锻炼。

青少年科学锻炼指导服务体系的构成要素是密切联系的统一体，它们相互作用、相互依赖，共同影响着青少年科学锻炼的效果。信息服务平台系统可强化青少年的体育意识，有效地调动与激发他们参与体育锻炼的需求；技术指导服务平台系统是网络服务体系的核心和关键部分，对青少年科学锻炼具有导向作用；在线交流平台系统是锻炼指导服务系统的有力补充，给青少年锻炼群体提供了一个便捷的经验分享和学习平台；体质检测评价系统通过体质在线测评，及时掌握青少年的体质状况，科学客观地评价锻炼效果，有利于实施科学的指导，保证青少年的锻炼活动朝正确的方向发展；资源系统则为青少年锻炼提供保障和支撑作用。

(三) 青少年对网络健康促进服务平台的内容需求

青少年体质健康的提升需要掌握科学的锻炼方法。方法是为获得某种东西或达到某种目的而采取的手段与行为方式，只有掌握了正确的锻炼方法，并与自身的特质相匹配，才能达到最终的锻炼目的，取得事半功倍的锻炼效果。由于社会体育指导员和青少年运动组织的匮乏，很多青少年无法获得良好的锻炼，而基于网络的信息交互平台满足青少年对体育健康促进服务内容的需求。从总体上看，青少年对身体机能、适应能力、饮食与营养、体育中考项目、运动损伤的预防与处理方法、运动处方、运动风险以及体质问题等相关知识的需求较多。

（四）青少年对网络健康促进服务平台的功能需求

青少年对信息交互形式的心理需求存在显著差异。网络对大多数使用者而言是人际网络的扩大，经常使用论坛的人能够在论坛中找到更加契合的朋友，他们通过发表看法或者彼此互相帮助，获得信息、物质、陪伴和情感等社会支持，从而加深个人对团体的认同，这种关系有助于青少年的身心健全。青少年对专家咨询功能的心理需求高于论坛与留言板，这说明大多数青少年希望能从可靠的网络专家渠道获得有价值的健康促进信息。

青少年对测量与评价体质、心理健康、营养饮食等方面的心理需求不存在显著差异；而在科普教育问答测试中，对心理健康的需求显著高于体质和饮食营养。这表明青少年希望能了解有关身心健康的知识，并通过网络方式解释遇到的身体和心理现象。

青少年对网络健康促进服务平台的心理需求表现为：在内容方面，对知识和方法获得的心理需求高于对社会体育信息的了解及对身体自尊的需求；在平台功能方面，对专家咨询和心理健康相关的科普教育的心理需求非常高；在信息呈现形式方面，最希望网络平台中的信息以视频短片的形式呈现，最不喜欢文字形式。

二、基于互联网新技术的青少年体质健康服务平台构建

当前青少年已成为网络的主要使用者，而网络在健身信息共享和健

身指导服务交互中有着明显的优势。网络传播不仅集传统媒体传播手段之大成，而且在传播过程中可以把文字、声音、图像、视频等融为一体，实现对各种传统传播手段的整合，能够激发青少年对体育锻炼的兴趣，满足了新时代青少年群体对体育锻炼指导的需要。网络的高速发展使得网络交流变得非常便捷，健身指导专家和青少年群体可以实现网络的交流和互动。基于互联网新技术的特点和优势，目前正处于起步阶段的青少年科学锻炼指导服务应借助于先进的传递渠道和载体，向青少年群体传递科学的体育锻炼方法，避免误区，使青少年的体质健康得到科学快捷的发展。

(一) 青少年体质健康资源池

从建设内容来看，体质健康包含强体健身、塑身减肥、娱乐休闲等方面。这些资源可通过文字、图片、App、视频课程等形式呈现出显性知识内容，并可体现为体质健康信息资源。

1. 建设小粒度体质健康资源

小粒度体质健康资源虽然信息量相对小、重用效率低，但资源开发人员工作负担轻，便于网络传输和共享，重用频率高，具有针对性强、知识模块化、专题化的特点。由于云计算的根本特征是实现各种资源的按需使用，而按需使用的前提是实现各种资源能够如同水电一样，以尽可能小的粒度传输与应用。特色鲜明的小粒度体质健康资源应是健身服务系统建设的前提，以提供最新的国际化的体质研究成果资讯、权威的监测参考数据、详细的测定方法介绍以及对青少年健康相关话题的咨询服务。

2. 青少年体质健康资源模块划分

将体质健康资源划分为标准化的可共享、可重复使用的独立模块，包括健身目标、健康测试、达到目标所必需的手段方法和对健身对象进行描述的元数据等。小粒度资源可看作微型健身课程，微型课程可依据青少年的需要组合形成相应的培训课程，大量的微型培训课程汇聚形成健身超市，为青少年提供健康促进服务。

3. 青少年体质健康资源的整合与推送

通过青少年健身平台资源管理系统，对微型体质健康资源的元数据进行描述，建立知识关联，确立知识网络的组织结构，以微型课程为单位，对静态动态以及互动体质健康资源进行自动化分类管理，从而实现体质健康资源的有效整合。

（二）青少年体质健康支持服务池

青少年体质健康支持服务池的外化呈现是终身学习社区，其以非结构化数据为主，供青少年获取所需体质健康服务。可从完善青少年体质健康资源服务、互动资源管理、健康管理服务、信息监管与审核等几个模块进行研究。

1. 青少年体质健康资源服务

首先可以健身场地和教练提供为主，借助青少年体质健康云平台，建立健身互动知识空间，为专家、教练以及健身领域的其他从业人员提供协同工作的虚拟场所，同时组建科学健身知识共同体（生理、生化、运动技能、心理等），将辅导过程中的隐性知识转化为显性知识，共同建设知识网络，根据青少年用户需求，采取灵活的方式，提供青少年用户健身全过程全方位的健身辅导服务。探索互联网环境下体育健身休闲俱乐部与青少年交互模式的创新。具体从网络视频健身课程、网络私教组团、健身场所与教练点评、运动社交、App 健身软件开发、3D 虚拟健身、网络营销推广等多层面来提升与青少年的交互关系，提升体质健康促进的效果。还可利用 GIS（地理信息系统）对青少年用户所需健身场地设施信息加以整合和实时叠加，向青少年用户提供平面或立体空间，显示出场地的具体位置和分布情况，通过对地图的缩放功能还能查看周边服务情况，配合深度的使用数据，挖掘出个性化健身需求服务。

2. 青少年互动资源

互动资源是系统运营过程中青少年用户通过交互共享所生成的资

源，可分为知识互动资源和信息互动资源。在互联网中互动式的知识共享平台已有广泛应用，如通过问题解答和搜索引擎结合的爱问知识人和百度知道等。针对交流行为的社会化特点及平台的开放性特点，注重互动反馈窗口的建设，可以开通网站即时通信系统，通过此功能加强在线的交流与反馈，建立健身社区论坛，简化交流流程，更多注重解决实际问题；开通专门的健身指导咨询窗口或论坛等交流平台，对不同的青少年健身需求进行指导。

3. 健康管理服务

健康管理服务是基于健康管理的健身咨询服务，为广大青少年提供全方位的健康评估和干预方案，有助于提升其体质健康效果。基于相关标准和协议，把青少年的身体状态及运动能力自动转换为相应的健康等级，建立统一的终身健身档案，为健康评价和健康干预提供保障。健康管理是指对个体或群体的健康进行全面监测、分析与评估，提供健康咨询和指导，并对健康危险因素进行干预的全过程，使青少年从社会、心理、环境、营养、运动等多个角度得到全面的健康维护和保障服务。

4. 体质监测板块

通过青少年用户所携带的智能传感器，监测到各项生理和运动指标，建立完整的用户数据库，并根据青少年用户的体质等级做出体质评价报告、健身休闲指导以及营养和膳食指导等；基于网络的交互共享功能，充分实现人员间的沟通和交流，以便更好地实现健康促进的高效化，提升平台服务人员的反馈速度和质量。

体质检测板块，不仅有助于提升青少年的体质健康水平，还可以为国家体质监测提供数据分析和研究报告，为政府部门制定青少年健康政策提供依据，为青少年提供个性化健康管理服务；通过国民体质监测系统的网络化、科学化管理工作，使青少年体质监测信息高度集成；提供各类体质监测手机软件客户端的推荐下载，特别是在线健康测量工具，帮助更多的青少年及时了解自身体质情况，从而逐步改善自身的健康状况。

5. 信息监管与审核板块

在青少年健康信息资源收集、整理过程中，应对资源进一步认证，在平台实行分级管制和后台严格审核，明确信息的来源，并对关键数据和指标进行抽查、复检、核对和计算，要明确相关信息、数据报送单位的责任人，落实数据信息专人负责及相应的追责制度，充分保障网站发布信息的严谨性和准确性，以及网站的可信度。

三、青少年体质健康促进平台涵盖板块

（一）体质健康监测与评价

学生体质健康监测系统采用“层级部署、分级使用”的方式提供服务。各级体育管理部门通过权限分配实现逐级监督管理和应用，从而使各级教育管理部门、各学校可随时监测青少年体质健康状况，为其体质健康水平监测提供数据依据。以青少年体质健康数据的“数据采集—数据管理—数据使用”为业务主线，构建一体化的体质健康监测与评价系统，建设内容包括基础信息管理、测试标准管理、测试数据管理、数据质量管理、报表打印、统计分析等业务模块，其中数据采集以手工录入、批量上传、设备直传等多种方式完成，采集对象包括中小学学生、中职学生、普通高校学生等，采集指标遵循国家级系统所需上报的指标范围，通过学生体质健康信息进行数据的有序管理和有效利用。

（二）青少年体质健康干预

体质健康干预是针对目前在校学生体质下降趋势，以科学锻炼为着眼点，通过建设平台、依托网络，采取互联互通方式，提供实时在线服务、网上预约咨询、体质监控评价、运动伤病康复、健身技能指导等服务。体质健康干预以科学健身专家在线服务为特色，融合体质健康评估、科学健身推广、运动健康管理、健身学术研究、社会体育指导员培训等功能，可设青少年体质监测、在线服务、专家诊断、专业培训、学

术报告等工作室，还可设有青少年运动风险评估、肌肉健康评估、健康促进等实验室。青少年体质健康干预具体研究领域可细化为以下三个方面。

1. 建立科学锻炼系统

通过建立青少年锻炼信息的采集和反馈系统、科学锻炼指导站、训练营地，运用运动锻炼科普宣传方法和工具，以及运动能力评估的方法，提供关键技术和标准，实现共性运动处方与个性运动处方的建立、选择和应用等。

2. 运动损伤与康复

通过对肌肉系统、神经系统、血液系统等正常发育机制的揭示，建立新的青少年健康促进模型及其机制研究，为相关青少年疾病检测和治疗提供新的分子靶点，并积极开展人体运动康复与医疗的结合。

3. 技能培训与拓展

由于青少年个体在体质以及兴趣爱好等方面存在不同，对不同个体的青少年应采用不同的专项培训项目进行体质和素质提升。基于大数据时代的特点，充分搜集青少年个体及运动相关信息，通过数据挖掘与分析，针对青少年个体的差异提供个性化的锻炼项目和计划推荐，为促进学生身体、心理和意志品质等协同发展提供良好方法和途径。

参考文献

[1]陈旭.体育锻炼与青少年健康促进[M].北京:光明日报出版社,2017.

[2]王天仁.青少年成长正能量[M].天津:天津科学技术出版社,2017.

[3]谭思洁,张晓丹.青少年体力活动与健康促进从传统媒体到新媒体[M].北京:知识产权出版社,2017.

[4]涂春景.体质健康理论与实践研究[M].长春:吉林人民出版社,2017.

[5]李雪.体育与健康[M].北京:北京工业大学出版社,2017.

[6]谭金飞,樊颖.全民健身视野下的体育锻炼新模式[M].北京:中国原子能出版社,2017.

[7]李小兰,曹庆雷.全民体育健身理论与锻炼方法指南[M].北京:新华出版社,2017.

[8]谢飞飞.中国学校课外体育锻炼研究[M].北京:中国原子能出版社,2017.

[9]罗桂风.体育与健康[M].徐州:中国矿业大学出版社,2017.

[10]李雪.体育与健康[M].北京:北京工业大学出版社,2017.

[11]谭晓兰.体育与健康[M].北京:北京理工大学出版社,2017.

[12]孙卫华,户良斌.体育与健康[M].西安:西北大学出版社,2017.

[13]华宝元,李铎,王海波.体育理论知识教程[M].成都:电子科技大学出版社,2017.

[14]付明.心理健康与体育锻炼研究[M].北京:人民体育出版社,2018.

[15]于勇.运动锻炼与健身研究[M].北京:九州出版社,2018.

[16]李建新,薛胜.体育[M].北京:研究出版社,2018.

[17]马驰,吴雅彬,徐小峰.体育与健康[M].上海:上海交通大学出版社,2018.

[18]王静，李柏，赵青．体育与健康[M]．北京：中国铁道出版社，2018.
[19]袁龙．体育与健康[M]．上海：上海交通大学出版社，2018.
[20]曹丹．体育健康与体育教育学研究[M]．天津：天津科学技术出版社，2018.
[21]刘金亮，胡新贞．体育与健康教育研究[M]．西安：世界图书出版西安有限公司，2018.
[22]陆宇榕，王印．体育文化与健康教育探究[M]．北京：新华出版社，2018.
[23]阮凌．体育保健与康复系统的建立与应用研究[M]．北京：中国原子能出版社，2018.
[24]徐国权，孙立波，王翠微．学生体育健康研究[M]．北京：国家行政学院出版社，2018.
[25]王坤．青少年体育锻炼习惯养成的理论与实践[M]．上海：上海交通大学出版社，2019.
[26]魏荣．青少年体育锻炼处方与运动指导[M]．北京：北京工业大学出版社，2019.
[27]孙英俊．课外体育锻炼面面观[M]．芜湖：安徽师范大学出版社，2019.
[28]易锋，刘德华．体育健身原理与方法[M]．苏州：苏州大学出版社，2019.
[29]高锐，李春林．体育与健康[M]．成都：电子科技大学出版社，2019.
[30]丁小燕．青少年体育与健康素养理论与实践研究[M]．南昌：江西高校出版社，2019.
[31]刘满．体育强国视域下青少年体质健康的综合干预研究[M]．长春：吉林大学出版社，2019.
[32]向剑锋．青少年体力活动促进理论与实践[M]．杭州：浙江大学出版社，2019.